世界一やさしいフェミニズム入門

早わかり200年史

山口真由

GS
幻冬舎新書
683

まえがき

「私はフェミニストではありませんが」

そう前置きしてからジェンダーを語る人を幾度も目にした。だけど不思議だ。特定のイメージを持って語りながらも、その実体を私たちはよくは知らないのではないか。

昨年、担当した大学の講義の1コマでフェミニズムを扱ったとき、女子学生の1人が「今まで近づいてはならないものと思っていた」と形容した。つまり、彼女にとってのフェミニズムとは、表紙の印象によって、手に取ることもなく、本屋さんで棚ざらしになって埃《ほこり》をかぶっている本と同じだったのだ。

この原因は二方向にあるのだろう。

まずは世間の無理解である。小学校の社会科の教科書に載った写真を、私は今でも鮮明に思い出す。おかっぱに眼鏡《めがね》をかけた看護師の女性たちが病院の前でデモンストレーションをしている。掲げられた横断幕には、「きつい、汚い、危険」に加えて、「臭い、給料少ない、休日ない、帰れない、体壊す、結婚できない」と〝Ｋ〟から始まる９つの言葉が連なる。そして、「３Ｋ職場」ならぬ「９Ｋ職場の私たち」という抗議のスローガンが掲げられていた。

その写真を見たお調子者で知られる男の子が「結婚できないのは職場じゃなくて自分のせいだろ〜」と大声で口にし、クラス中がどっと笑った。つまり私たちは、彼女たちの引き結んだ唇に浮かぶ決意の理由を深く知ろうとせずに、揶揄《やゆ》と嘲笑の対象にしてきたのだ。

だが、それだけではない。フェミニストと称される側にも原因はなかったか。

若かりし日に参加した勉強会はいまなお記憶に鮮烈だ。それは強姦《ごうかん》罪の厳罰化に関する議論だった。スピーカーとして招かれた女性は「女性が同意しない性交はすべてレイプである。諸外国ではそういう法律になっている。日本は遅れている」という主張を繰り返していた。

私は純粋に知りたかったのだ。客観性が強く求められる刑法で、女性の主観を要件とするという難題を諸外国では具体的にどのように制度化しているのかということを。そこで、スピーカーに質問したところ、「お前が調べろ！」と怒鳴られて唖然《あぜん》とした。

ここに世間とフェミニズムとの間の不幸な溝が生じる。

男性を敵視し、ともすればエキセントリックな主張をヒステリーにも似た過激さで連呼するというレッテルを世間から貼られ、理解されない少数者となるほどに、フェミニズムの側もより頑《かたく》なに、より先鋭的になり、対話のためのみならず攻撃のために言葉を費やすようになったのかもしれない。

　この不幸な溝を乗り越えてフェミニズムとは何かを勉強してみたいと私は思った。学びの源泉は、私にとっては常に本である。フェミニズムを冠した書籍は、図書館のいくつもの棚を占領するほどにこの世に溢《あふ》れている。海外の特定の思想家の難解な見解を分析的に伝えるアカデミックな本もある。と思えば、自らの経験をベースにしたエッセイ風の本も存在する。

　ところが、である。主観的ではなくそれなりに客観的に、一部にのみ深く立ち入るというよりはそれなりに全体的に、この分野の地図を指し示してくれるような書籍にはなかなか出合えなかった。フェミニズムという布を構成する縦糸と横糸、つまり歴史的な経緯と世界的な広がりを体系的に理解したいと思っても、それを端的にカバーしてくれる本が見当たらなかったのだ。

じゃあ自分で書いてみようと思ったのがこの本を書くきっかけだった。

だがすぐにあまりに無謀だったと後悔することになる。世界各地で様々な背景を抱えた人々が、ジェンダーやセクシャリティに関わる現状を変えよう、という熱意を行動に移した瞬間の集合体でもあるフェミニズムの深さと広さは果てがない。この分野を知れば知るほど全体像は捉えがたい。それでも数年かけて本を書き上げたのには2つの理由がある。

まず、フェミニズムが現代を生きる私たちに必須の教養となりつつあるからだ。企業も個人もダイバーシティ&インクルージョンへの理解を求められるようになって久しい。多様性の世界を生き抜かなければならない私たちにとって、多少の失言すらときとして致命的になる。そして、日本で多様性というときに、最初に来るのは性別である。だからこそ、現代のジャングルを生き抜くためには表面的な禁止事項のみならず、ジェンダー論の概要はわきまえなくてはならないだろう。

だがそれよりも大きな理由は、この深遠なテーマに生涯をかけて取り組んだ人々の知性と情熱のきらめきに魅せられたからだ。鉄道や自動車が展示され、未来を運んでくるようで興奮に沸き立ったかつての万国博覧会の会場は、いまや貧困と格差を学ぶ場となった。正しいと頭で理解しても、心は浮かない。正しさという義務感のみに支えられ、楽しさという高揚感を失ったダイバーシティが果たしてどれだけ多くの心に響くのだろうか。そう思っていた矢先、フェミニズムに取り組んだ時代時代の色とりどりの情熱は思いのほか面白く、私を夢中にさせた。

この興奮を伝えたいという熱意が、深く広い分野を書き記す困難の中で、私を突き動かした一番の力だ。だからこの本は首《こうべ》を垂れて拝聴すべき説教集ではないし、ましてやあなたを糾弾するマニフェストでもない。どうかせっかく手に取っていただいたなら、ぱたんと閉じずにもう少しだけお付き合い願いたい。

世界一やさしいフェミニズム入門／目次

第五章 異質なカルチュラル・フェミニズム ――フェミニズム第二波（１９８０年代） 131

図版・DTP　美創

第一章 フランス革命とヨーロッパ、フェミニズムの息吹

――フェミニズム第一波

「人間＝男」…だけ？からのスタート

ウルストンクラフトがあげた巨大なのろし

フェミニズムの第一波は18世紀末に遡る。専制君主を相手どって人民の権利を要求するフランス革命の熱は、家庭における専制君主たる夫に対して女性の解放を求めるきっかけにもなった。

女性の権利を求める動きに、最初に巨大なのろしを打ち上げたのは、１７９２年、イギリス人のメアリ・ウルストンクラフト（１７５９～１７９７）による『女性の権利の擁護』の出版だった。

ロンドンに生まれたウルストンクラフトは、家の没落によって自立を迫られる。『人間の権利の擁護』の出版によって急進的思想の持ち主として名をあげた彼女は、続いて『女性の権利の擁護』を出版する。迷信や信仰よりも理性や科学を重んじる啓蒙《けいもう》思想家の中でも、例えば、代表的な論客であるジャン＝ジャック・ルソー（１７１２～１７７８）は、

〝女性は生まれつき男性よりも理性的ではないために、男性に依存している〟と説いていた。ルソーの『エミール』は、男子であるエミールに市民にふさわしい教育を提唱しながら、その未来の妻であるソフィには男性の歓心を買うための教育を施そうとする。啓蒙思想家が自らの自由主義思想を女性に敷衍《ふえん》しないという矛盾を、ウルストンクラフトは鋭く突いた。自ら自由を求める男たちは、それでも女を隷属させるのだ。

ウルストンクラフトは、女性が劣った地位にあるのは、生来的なものではなく社会的な理由によると主張する。知性や個人としての自己実現よりも、外見や男性の意見を重んじるように教え込まれた少女たちは、外見を磨いて自分を養ってくれる男性を探す。そうした**「養われるための結婚」は売春の一形態である**というウルストンクラフトの前衛的すぎ

メアリ・ウルストンクラフト
（1759〜1797）
Mary Wollstonecraft
ロンドン生まれ。フェミニズムの先駆者、社会思想家。作家でもあり、小説や旅行記なども。

『女性の権利の擁護』
（1792）
A Vindication of the Rights of Woman
ウルストンクラフト著。男性が女性の知的向上を妨げ、男女異なる教育がされていると批判。女性解放に必要なのは教育と訴えた。

る指摘は、当時の社会に衝撃を与えた。さらに、「社会にもっと平等が確立され、階級がなくなり女性が解放されるまでは」と説く**ウルストンクラフトは、性別を人種などと同じく階級と捉えていたという点でも先駆的**である。

この時期の女性の権利主張は、初期の革命同様に、ブルジョワ的な自由主義に満ちていた。奴隷の生活に安住する幸福よりは、魂の解放を求めて闘争する戦士の自由を重んじたのだ。この『女性の権利の擁護』は、教育を主張する点を捉えて女子教育書との評価もあるが、おおむね悪評を招いた。特に、敵対派は、著作のみならず著者本人の型破りな生き方を「ペチコートをはいたハイエナ」と批判した。というのも、未婚の母となり、2度の自殺未遂をしたウルストンクラフトは、女性の政治的な発言それ自体を「下品」と評する当時のイギリス社会において、異質な存在だったからだ。

没落した家で父や多くの兄弟姉妹を経済的に支え、不実な恋に泣き、そして政治を論じたウルストンクラフトは、産褥熱《さんじょくねつ》のために38歳の若さで世を去る。

あまりの先進性ゆえに時代に受け入れられず、その後長く忘れられていた存在が、再び日の目を見、再出版された『女性の権利の擁護』が〝女性参政権を求める最初の文献〟と評価されるのは、19世紀末のことである。

とはいえ、フランス革命に揺れるヨーロッパで、自らの置かれた地位を疑問視する女性たちが現れたのだ。その背景には革命に実際に参加した女性たちの存在がある。

フランス革命とオランプ・ド・グージュ

フランス革命による既存の秩序の崩壊は、女性が政治に参画できる環境につながった。１７８９年10月、何千人もの女性労働者がパンを求めてヴェルサイユ宮殿に向かって行進した。１７９０年代の革命の時代、フランス女性たちは街頭デモに参加し、新聞を発行し、男性主体の政治クラブから締め出されると、女性による政治クラブを結成した。

ところが、女性も参加した革命によって王政が瓦解した後、フランスの新たな統治機関

オランプ・ド・グージュ
（1748〜1793）
Olympe de Gouges
フランス南西部生まれ。劇作家、俳優。憲法に女性の権利がなく、1791年、『女性と女性市民の権利宣言』を発表。男女同権を要求。

グージュ処刑の様子
フランス革命の余波が続く中、革命政府への批判や扇動的な態度等が有罪とされ、ギロチンに。

となった国民議会で、男女の平等な権利を提案する6ページの請願は一顧だにされなかった。そして、**1789年の「人権宣言」は当然のように男性だけを対象とした**のである。**この「人権宣言」を最初に真正面から批判したのは作家のオランプ・ド・グージュ（1748～1793）だった。**ポンピニャン侯爵の庶子《しょし》と噂《うわさ》されるグージュは、階級上昇への類まれな意志の強さによってフランスの貴族社会に地位を築いた。

　1791年に『女性と女性市民の権利宣言』と題するパンフレットを刊行した彼女は、**完全なる男女平等を宣言して女性の参政権を要求**した。初期の自由主義的なフェミニズムの空気を色濃く宿す彼女の論評は、男性を批判するよりはむしろ女性自身のふがいなさを糾弾する。

　離婚の権利、国民議会・行政院や裁判所への女性の参加——多岐にわたる彼女の主張に共通するのは、自由な生き方を求める勇敢な精神であろう。女性のみならず黒人奴隷をも対象とし、戯曲の中で奴隷制を批判した彼女は、制度の上に巨万の富を築く富裕層を敵に回し、殺人を予告する脅迫状まで受け取った。

　そして、この彼女の危ういほどの果敢さは、革命のさなかにあってなお全《まっと》うされた。女性解放を求めて革命に賛同し、ときには扇動もしたグージュではあるが、その実、真に求めていたのは血で血を洗う革命ではなく、より建設的な改革だったのだ。そのため、ルイ16世の弁護を申し出て王党派と疑われ、また、革命政府内部の闘争が激しくなると和解を求め、ジャコバン派の優位の中で劣勢に立たされたジロンド派をペンの力で公然と擁護した。それが「信じられない勇敢さ」と評された理由は、文字通り、命がけの行為だったからである。

その証左として、彼女は逮捕され、投獄され、裁判にかけられた。結果、ギロチンの刑に処せられたのだ。獄中から裁判、そして断頭台に連れていかれるその最後の瞬間まで、彼女は公衆の面前で決して取り乱しはしなかった。人間としての尊厳を自ら体現したまま、悠然と死に赴いたのである。

高級娼婦で革命家のメリクールも半死半生の身に

フランス革命にその身をささげた女性たちの中には、テロワーニュ・ド・メリクール（1762～1817）のような激情家も存在する。彼女は貧しい農家の娘として生まれ、しばしば虐待かと思われるほど酷使されてきた。だが、とある身分ある女性の侍女となってから、持ち前の美貌が開花した。貴族に見初められてイギリス社交界の一員となったメ

テロワーニュ・ド・メリクール
（1762～1817）
Théroigne de Méricourt
ベルギー生まれ。11歳で家を出奔後、ヨーロッパ各地を転々とし、20歳でロンドンの社交界入り。高級娼婦として有名に。フランス革命に心酔し、私財は革命支援や女性たちへの啓蒙に投じた。

リクールは、洗練されたふるまいを手にして、上流社会の享楽と退廃をほしいままにするロンドン随一の高級娼婦《しょうふ》となったのだ。多くの権力者と知己《ちき》を結び、相当な蓄財をした彼女であるが、**１７８９年、フランス革命がはじまるや、男に貢がれた私財を惜しげもなく女たちを啓蒙することに投じる。**

美貌、美声、そして陶酔したような彼女の演説は注目の的となり、いつも乱痴気《らんちき》騒ぎの果てに大衆を扇動した。

だがしかし、セックスシンボルとして祭り上げられ、その思想自体が真剣には受け止められなかった向きもある。自身を性的な対象とする世論に傷つきながらも、彼女の抜群の行動力は、女性騎手隊の編成へとつながる。軍服にも見える細身の乗馬服にピストルと剣を帯び、手に槍《やり》を持った彼女は「アマゾネス」とも呼ばれた。

　ただし、注目の的になれば、好奇の、そして嫌悪の対象にもなる。彼女のヒステリックな演説と尋常ならざる言動は、ジャコバン派その他からの非難の対象にもなったのだ。１７９３年、公衆の前で演説していた彼女は、他の派閥に属する過激な女性たちの集団と行きあった。過激派の女性たちは、演壇からメリクールを引きずりおろし、スカートをはぎ取り、肉がえぐれるほどにそのお尻を鞭《むち》打った。このリンチで半死半生の目にあったメリクールは精神の均衡を失い、二度と公共の場に復帰することはなかった。

　このように、フランス革命において、男性ばかりでなく、女性たちも大量の血を流した。貴族の女も農民の女も、老いも若きも、共和派としてまたは王党派として内乱に積極的に関与した。なかには、傷ついた兵士の看護を引き受けた者もいる。その多くが投獄され、ときには殺害された。だが、１７９１年、国民議会によって制定された憲法は、隣に立って手に手を取って、自由のために闘った女性たちを「市民」とは認めなかった。93年、女性の政治クラブは禁止され、95年には女性の政治集会も禁止された。

　この背景には、女性に参政権を求める動きが女性たちの中でさえ多数ではなかったという事実がある。フランス革命は、都会の進歩的な女性を巻き込んだが、人口の多数を占める農村の女性たちは、カトリックへの帰依が強く、逆に、革命には反対していた。さらにいえば、革命の精神的な支柱となったルソーの思想は、ギリシャやローマの市民戦士の「男らしさ」を賛美して、男性に公的領域の責任を与えつつ女性を私的領域に押し込める「性別役割分担主義」である。そして、革命の指導者であるマキシミリアン＝ド・ロベスピエール（１７５８〜１７９４）も、このルソーの思想を信奉していた。

だが、中産階級の女性たちの啓蒙思想からはじまったフェミニズムの熾火《おきび》は消えることなく、労働者階級の女性たちへと広がっていく。

七月革命と二月革命での新たな展開

その後、フランスでは、１８３０年の七月革命と48年の二月革命の中で、庶民の女性たちが新たな主張を展開する。

この19世紀前半におけるフェミニズム思想の復活は、男性でかつラディカルな平等主義者であったシャルル・フーリエ（１７７２〜１８３７）やアンリ・ド・サン＝シモン（１７６０〜１８２５）の影響が大きい。実際に、「フェミニズム」という言葉を最初に用いたのはフーリエの１８３７年の著作であるという。

　そして、フーリエやサン＝シモンは、近代家族のあり方へのオルタナティブ（代案）の提示を試みる。家族に代わって共同生活を実践する「空想的」社会主義という実験だ。**「社会の自由は、女性の自由の程度によって測られる」**というフーリエの言葉に代表される、当時としては非常に先進的な共同体は、しかしながら同時代の大衆を動かすには至らず、むしろ嘲笑の的となった。

　ただ、その思想や行動は、それに触れた女性たちに影響を及ぼし、画家ポール・ゴーギャンの祖母に当たるフローラ・トリスタン（１８０３～１８４４）らの戦闘的フェミニストを生み、個性的で情熱的な女性たちの中には、１８４８年の二月革命において、バリケードの上に立ち、デモの先頭を歩き、銃弾を作る者たちも現れた。**彼女たちは女性の権利**

フローラ・トリスタン
(1803～1844)
Flora Tristan
フランス生まれ。作家、社会改革運動家。父はペルーの貴族、母はフランスのブルジョワ出身。自身の結婚、離婚、仕事等で苦労を重ね、社会主義者との親交を深めながら旺盛に執筆、女性の権利の拡充を求めた。

ジョルジュ・サンド
(1804〜1876)
George Sand

パリ生まれ。作家。公共の場で許可なく男性服を着たり、煙草を吸ったり、多くの男性と恋愛関係を持つなど、そのふるまいは「自由な女性」の象徴に。当時からヨーロッパの人気作家であり、影響力のあった彼女は、多くの文学作品を書き続けながら、女性の権利拡張運動を主導した。

を唱えるフェミニズムを、労働者の権利を求める社会主義と結びつけようとした。それゆえに、女性の参政権と労働条件の改善を合わせて訴えたのである。なかでも、１８４８年に結成された「女性の権利委員会」は、当時、「自由な女性」として知られていたジョルジュ・サンド（１８０４〜１８７６）を国民議会議員に擁立する運動をはじめようとさえした。もちろん、当時の女性には選挙権はおろか被選挙権などなかったのだが。

　彼女たちは**「自由、平等、博愛」というフランス革命のテーゼを掲げていたが、これをブルジョワ女性のみならず、あまねく労働者階級の女性たちに拡大しようとした。**こうして、フェミニズムの運動はさらなる広がりを持ちはじめたのである。

女性の間の〝分断〟を広げた産業革命

とはいえ、中産階級の女性たちと労働者階級の女性たちとの間に、産業革命は大きな溝を広げていた。当時のフェミニズムの担い手は、主には経済的機能から除外されて家庭に押し込められた中産階級の女性たちで、教育の改善、意義ある仕事や参政権を求める彼女たちに比べて、工場で働く女性労働者たちの声は小さかった。抽象的な権利ではなく、賃金や労働条件の改善を求める労働者階級の女性たちは労働組合主義と親和的で、結婚という圧政から解放された共同生活を推奨するサン＝シモン主義へと向かっていく。

そうした女性たちの〝分断〟を察知した**刺繍《ししゅう》職人のシュザンヌ・ヴォワルカン（１８０１～１８７７）は、新聞「女性論壇」の編集によって、自分たちプロレタリアの女性とブルジョワの女性が手を組んで、「ヌーヴェル・ファム（新しい婦人）」を作り出そうと呼びかけた。**

そして、女性の労働運動は、カール・マルクス（１８１８～１８８３）やフリードリヒ・エンゲルス（１８２０～１８９５）のマルクス主義へと結びついていく。１８４８年に発表された『共産党宣言』の中で共産主義理論の祖であるマルクスとエンゲルスは、資本主義は女性を家庭と社会の両方において二級市民として抑圧すると主張した。

とはいえ、革命によって資本主義を打倒することが女性を解放することだと主張したマルクスは、その後、資本家による労働者の搾取にフォーカスし、男性による女性の抑圧というテーマについてはほとんど語らなかった。しかし、晩年になってこのテーマに回帰し、そこで残された膨大なメモの一部を土台に、エンゲルスは『家族・私有財産・国家の起源』を著述し、これが後の「マルクス主義フェミニズム」（第四章）へとつながっていく。

イギリスでのフェミニズムの胎動

近代家族の誕生とフェミニズム

さて、女性の参政権や財産権を求める動きは、フランスよりもむしろイギリスの方が早かった。**フェミニズムの契機となったのは、皮肉なことに近代家族の誕生である。**

前近代的なコミュニティにおいては夫の暴力はもちろん横暴に対しても、共同体からの介入があった。日本の落語に、大家さんが店子《たなこ》の家庭内の問題に首を突っ込んで、お説教をしたりお灸《きゅう》をすえたりする噺《はなし》があるが、ああいう雰囲気を想像してほしい。同じように、16、17世紀のヨーロッパ社会でも、夫の目に余る行状については、村落共同体や教会が干渉してくれたという。

ところが、ブルジョワが主導した近代革命は、このような共同体的な価値観から、個人の「私有財産」という概念を生み出した。それは土地や金銭という物だけでなく人間にも及び、「近代家族」という隔絶された領域を作り上げる。この近代家族という閉ざされた空間には、コミュニティ的な監視の目が及ばなくなる。そして、この**家庭という私的領域の中で、建前上、女性は一切の権利を持たなかった。**夫の私有財産と見なされた妻子は、極端な話、煮るなり焼くなり夫の裁量の下に置かれたのだ。

結婚すると同時に、自分の財産の管理権を夫に奪われ、単独では契約を結ぶ力もなく、暴力を受けて、監禁されても虐待されても、妻には離婚の権利はほぼないに等しく、ほうほうの体《てい》で逃げ出したところで子どもの親権もない。

この驚くべき近代家族の不合理は、イギリスにおいて、１８３０年代のキャロライン・ノートン事件によって白日の下にさらされる。

収入がなく妻の財産で暮らしていた夫ジョージは暴力的だった。夫のＤＶで流産したキャロラインは母の家に逃げこむ。ところが、家に戻ってみたら、閉め出され、２歳の幼子を含む３人の息子と会わせてももらえない。６年後に死亡したこの末子について、キャロ

キャロライン・ノートン
（1808〜1877）
Caroline Norton
ロンドン生まれ。社会改革運動家、作家。嫉妬深く独占欲が強い夫との別居や離婚・親権争議で辛苦をなめた経験から、既婚女性や離婚女性の権利を主張。数々の法律改正に寄与した。

ラインは事故ではなく養家のネグレクトを疑っていた。子どもを取り上げられる一方で、キャロラインは経済的には夫の支配下に置かれていた。著述による収入や相続財産はすべて夫のものとなり、そのうえ、扶養料をもらえないことも多かったのだ。親権は得られない。経済的な自立すらない。こんな不合理があるだろうか。

愛する我が子と引き離された母に、親権はもちろん、妻側から離婚する権利すらないこの時代、当然、法的救済は得られない。そこで、この文才あるご婦人は、顚末《てんまつ》をパンフレットにしたためて世論を喚起した。社交界の多くが、キャロラインに同情した。

とはいえキャロラインは男性との平等を求めたわけではない。一貫して同情と庇護《ひご》を欲したのだ。キャロラインにとって男性との平等は「不条理」であり、むしろ女性の保護は男性が負うべき「神聖な義務」だった。このように、前提とする考え方が当時の主流から離れていなかったために、世論に味方されたのかもしれない。

ガヴァネス（住込み女家庭教師）の活躍

１８５０年代に入ると、**イギリスのフェミニズム運動は「ガヴァネス」と呼ばれる住込み女家庭教師を担い手として展開**される。思えば、フェミニズムの古典『女性の権利の擁護』を執筆したウルストンクラフトもまたガヴァネスだった。知性溢れる彼女たちは、貴族階級の法形成の観察者であったのかもしれない。

１８３０年代から40年代にかけて急進的な知識人と労働者が参政権の労働者階層への拡大などを求めた「チャーチスト運動」が起こる。この運動には女性たちも参画するものの、女性参政権は要求項目に含まれていない。要するに、社会改革を求める女性たちでさえ男性の指導的優位を認めていたのだ。

女性運動が本格化するのはむしろ、チャーチスト運動が１８４８年に挫折した後の50年代、中産階級の女性運動として実質的な女性の権利の改善をあまねく要求していくところからだ。

こうした運動の成果として、１８５７年には「婚姻係争法」の成立で離婚裁判所設立への道が開かれ、70年と82年には妻が財産を独自に所有することを認める「既婚婦人財産法」が議会で成立した。民法的な男女の不平等が比較的早く概ね解消されたイギリスでは、それゆえに、女性参政権の要求は実利よりもむしろ女性の地位向上の象徴となる。

女性参政権を求めたJ・S・ミル議員と、パートナーのテイラー

イギリスの女性参政権運動は、１８６７年から本格化する。その前の年に、女性の参政権を公約に掲げ、**フェミニスト団体の支持により当選したジョン・スチュワート・ミル（１８０６〜１８７３）が、下院で女性参政権のための最初の請願を行った**のである。女性の問題について、ミルは、パートナーのハリエット・テイラー（１８０７〜１８５８）との共著『女性の解放』（１８６９）の中で体系的に論じている。テイラーは、それ以前、「女性参政権」という彼女の著作の中で、公職を含めたすべての職業を女性に開放することなどとともに、女性参政権を求めた。

『女性の解放』という著作が先駆的だったのは、男女の差異が「女性の（本質的な）天性」によるとの議論に対して、それが社会的に「作られた差異」であって、社会的不正義

の源になっていると唱えたところにある。この主張は「男らしさ」「女らしさ」を本質的なものと考えていた保守層の反発を招くが、女性参政権運動にコミットしていた人々から概ね歓迎される。また、第二章で述べるリベラル・フェミニズムの理論の原型となる古典として、後の時代にも評価を受けている。

ただし、出産と育児を負担する女性という存在に、男性が稼ぎ手となり女性が家事に専念するという一般的な方法は適しており、「例外的に」能力のある女性以外は家事や育児を妨げる戸外での労働に就くべきではないとの主張は、後の世代からは批判の対象となる。能力のある女性にのみ経済的独立を認めるかのような考え方は、これも次章で述べるリベラル・フェミニズムの問題を先取りしているようにも見える。

ハリエット・テイラー（1807〜1858）
Harriet Taylor Mill
ロンドン生まれ。哲学者。初婚後に出会ったJ・S・ミルと友情をはぐくみ、後に結婚。思想的影響を与えあった。ミルの著作とされる『女性の解放』（The Subjection of Woman）はテイラーとの共著。

J・S・ミル（左）と、ハリエットの娘ヘレン・テイラー
ハリエットの死後、ヘレンはミルの活動に協力したという。

裕福な家に生まれたテイラーは聡明な女性だった。望まぬ結婚を強いられた彼女にとって、その知性の輝きを認め、敬意を持って対等に接してくれたのはミルだったのだ。魂で深く結びついた２人はお互いの関係を諦めなかった。夫の公認を得て、ミルとプラトニックな関係を追求したテイラーではあるが、そのふるまいは醜聞となり、社交界から追い出されて苦しい経験をした。それでも、夫の死を待って２人は結婚する。だが、１８６９年に２人の事実上の共著である『女性の解放』が公表されるとき、テイラーはすでにこの世になかった。ミルは、自分の著作の大半は、この極めて聡明な女性との事実上の共著であったことを積極的に認めている。

１９１０年、女性参政権運動「ブラック・フライデー」

その後の女性参政権を求めるイギリスでの動きは、穏健派「婦人参政権協会全国同盟（ＮＵＷＳＳ）」のサフラジストと、急進派「女性社会政治同盟（ＷＳＰＵ）」のサフラジェットに分かれる。

ＷＳＰＵのリーダーとなったのは、エメリン・パンクハースト（１８５８〜１９２８）、通称パンクハースト夫人と、その娘のクリスタベル、シルヴィア、アデラである。

彼女たちは「行動こそがこの世を変える」と信じていた。チェンジの具体的な目的は「婦人参政権」の獲得である。この時代、婦人参政権は〝手段〟ではなくそれ自体が〝目的〟だった。これさえあれば世界は変わると、彼女たちは信じていたのだ。だが、当時としては野心的に過ぎて大衆の理解が追いつかない。まずは議論そのものに注目を集めなくてはならないという、ある種の切実さは、パフォーマンスじみた激しい行動へとつながる。具体的には、女性に参政権を認めない現状に抗議するため行進し、政治家の演説を妨害し、首相官邸の窓ガラスを破壊するという実力行使に及ぶ。なかでも、パンクハースト夫人のお気に入りの長女クリスタベルは、常に独創的な戦略を考案した。

１９１０年、女性の参政権が認められようとしたその矢先、当時首相となっていたハー

エメリン・パンクハースト
（1858〜1928）
Emmeline Pankhurst
女性参政権の活動家（急進派。サフラジェット）。1903年、すべての女性の参政権を要求する「女性社会政治同盟（WSPU）」を設立。過激な抗議活動でも注目された。

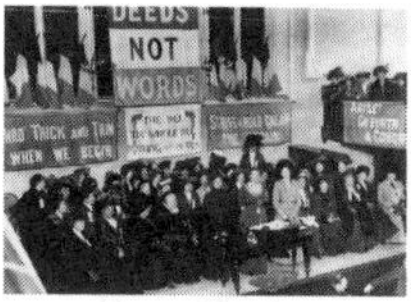

WSPUの活動。団体のモットーである「DEEDS NOT WORDS（言葉ではなく行動を）」の文字が見える。

バート・アスキスが介入して法案を停止する。そこで、11月18日には、ロンドンで約**300名の女性が議会周辺を行進して抗議活動を行った。その際に、119名が逮捕され、女性2名が死亡している。この日は「ブラック・フライデー」**と呼ばれる。

この日を境に運動はますます過激化していく。

ＷＳＰＵの運動には、以前から警察や一般男性からの暴力や猥褻《わいせつ》がつきまとっていた。だから、女性たちは自衛の手段を講じるようになったのだ。ろっ骨を保護する厚紙の胴着など、様々な自衛手段を講じる中で、パンクハースト夫人が最も有効と考えたのは、警察でも必修の訓練である「柔術」だった。中産階級の女性たちが熱心に格闘技を練習する風景にメディアは飛びつく。

国会議員の自宅、教会、郵便局、鉄道などを標的に、深夜に放火や爆破を行うなど、その行動はエスカレートの一途をたどる。**テロの代償として、司直の手が及べば、彼女たちは進んで逮捕され、獄につながれた。逮捕こそが世間の注目を集める最上の手段と捉えていた**からだ。そして、一旦、逮捕されれば殉教者として死なんと、恐れることなくハンガーストライキを実行した。

一方、警察は彼女たちの一人でも名誉の戦死を遂げさせて、大衆の憤怒《ふんぬ》を招いてはならぬと、ハンガーストライキをする女性たちの鼻からチューブを入れて強制的に摂食させ、結果、女性たちの身体《からだ》を傷つけた。このような状況が拘留中の運動家の一人メアリー・リーによって公表されるや、ますます世論の非難を買って運動は盛り上がった。

しかし、このような過激な抗議行動が、政府の態度をいささかも変えないことが明らかになると、焦りを募らせた彼女たちはさらに行動を激化させる。

パンクハースト夫人らの拘留、運動の激化と沈下

パンクハースト夫人らの拘留を契機として、運動家の一人、メアリー・リチャードソン（１８８９〜１９６１）は、ナショナル・ギャラリーで人気を博していたヴェラスケスの「鏡のヴィーナス」を刃物で引き裂くという暴挙に出た。「私は神話の歴史上、最も美しい女性の絵を破壊しようとした。それは現代史における最も美しい人格であるパンクハースト夫人を破壊しようとしたことへの抗議だ」という声明とともに。

１９１３年には、国王が臨席する競馬レースで、国王の馬の足元に身を投げたエミリー・デイヴィソンが死亡している。

パンクハースト夫人が公共の場に現れるときには、必ず、30人程度の精鋭からなるボデ

ィガードが彼女を取り囲んだ。ドレスの下に棍棒《こんぼう》を仕込んだ彼女たちは、あらゆる手段でパンクハースト夫人を逮捕から守ろうとした。

だが、**女性参政権を求める運動は、第一次世界大戦の幕開けによって休戦状態**を迎える。パンクハースト夫人は、フェミニストであるのと同じくらいパトリオットでもあったのだ。祖国が危機に瀕した今は一致団結すべきときで、国の中で異なる主張を掲げるべきではないと唱えたのだ。

彼女本人は、実は労働運動との連携に懐疑的だった。参政権はあくまで自分たち中産階級の女性のためのものと考えていた。労働者階級まで連帯し運動を広げようとすれば、固い結束を誇る家族の一員シルヴィアすら追放したくらいである。だが、パンクハースト一家に先導されて勢いをつけた女性参政権運動は、その後、労働党の方針として取り入れられていく。

労働党がいちはやく女性参政権の主張を取り入れたイギリスにおいて、１９１７年には、女性参政権はすでに超党派の方針となっており、その実現は時間の問題だった。翌年に制限的、変則的な形で取り入れられ、28年には完全な形で導入された。

ところが、この女性参政権の実現によってミドルクラスのフェミニストはアイデンティティ・クライシスに陥る。

自らの主張は取り入れられた。念願の女性参政権が実現したのだ。だが、世の中は大きくは変わらなかった。女性参政権さえ手にすれば、女性のための施策が次々に実現するだろうという思惑に反し、多くの女性たちはこの権利を使って政治に積極的に参画しようとはしなかった。目標達成という興奮のさなかに、女性の政治的無関心という冷や水を浴びせられたフェミニストたちの熱量は行き場を失い、第一の波は終焉《しゅうえん》へと向かう。

第二章　マクドナルド化とリベラル・フェミニズム

——フェミニズム第二波

〝理想のライフスタイル〟の降誕

モノがあふれる豊かな国、アメリカ

20世紀はモノの時代である。

１９６０年代の日本は高度経済成長期を迎えて、社会全体が物質的に豊かになった。それに先駆けて、欧米も同様に生産性革命を迎える。

フォードは現代のテスラと同様に革新的な企業として知られる。電気自動車が、従来の自動車の概念に対する破壊的創造だったのと同様に、「フォーディズム」と呼ばれる経営思想も自動車業界の革命だった。

当時の自動車は富裕層しか手に入れられない高級品だった。ところが、ヘンリー・フォード（１８６３〜１９４７）は「移動生産方式」の導入によって自動車生産のあり方を引っくり返す。ベルトコンベアを流れてくる自動車に、労働者が各部品を取り付けて組み立てるというこの方式によって、作業は細分化され、単純化され、熟練工でなくとも作業に従事できるようになった。

こうして大量生産方式が生まれ、これが20世紀の資本主義を特徴づける。高度経済成長の時代に入るのだ。フォードのT型モデルの生産台数は、１９０８年の７千台未満から、23年にはじめて２２０万台を超え、翌年も２００万台を超えた。それに反比例して価格はどんどん低下していく。08年に８６０ドルだったT型フォードは、１９１３年には６００ドル、22年には３００ドル台にまで下がった。

さて、フォードは、供給側は大量生産を成し遂げた。次は需要側を刺激して、モノを欲するように仕向けなくてはならない。積極的な大量宣伝によって消費を喚起する方式は、マーケティングの革命を生む。こうして、モノの所有は、単なる具体的な利便性を超えて、ステイタス・シンボルという象徴的な意味を持たされていく。

折しも、生産性の向上によって賃金が上昇する。１９１４年、フォードは「日給５ドル」を宣言する。これは当時の賃金相場の2倍だというのだから驚く。当時、組み立てライン方式によって熟練労働者の価値が低下しつつあったフォードにおいて、それを不満とする離職が相次いでいた。賃金の大幅アップは労働者を定着させるための苦肉の策だったのだ。

そして、この高賃金が浪費を可能にした。日給５ドルであれば年収は１０００ドルを超える。そして、当時、これだけの年収があれば、ブルーカラーの一家は1年間の生活を維持してなお、T型フォード1台を購入できたのだ。

こうして、大量生産、低価格、高賃金の3点セットによって、高度経済成長の条件が整った。言い換えれば、高賃金の労働者が低価格となりつつある消費財を購入することで大量消費を生むということだ。つまり、供給側の大量生産を需要側の大量消費が下支えし、そしてそれがさらなる過剰な生産を生み、余剰の消費を喚起するという、お互いがめまぐるしくぐるぐる回って、結果としてモノがあふれる時代になるのだ。

だがそれは、肉体と精神を圧迫する〝画一的労働〟の裏返しでもあった。ベルトコンベアの流れ作業は単調で、自らが機械の一部となったかのように労働者を錯覚させた。それでも、上昇した生活水準の維持や割賦《かっぷ》で買った消費財の支払に追われて、人々は労働にしがみつく。

マクドナルド化していく社会

『ファウンダー　ハンバーガー帝国のヒミツ』（２０１６）という映画がある。マクドナルド・コーポレーションの創業者レイ・クロックを描いた作品だ。

1954年、クロックは自分で開発したミルクシェイク用ミキサーの訪問販売をしていたが、売れ行きは不調だった。そんなときに大量注文が入り、興味を持ったクロックは発注元のハンバーガーショップへと自ら商品を届けに赴く。そこでは、ハンバーガー調理が、ハンバーグを焼く、ピクルスを載せる、ケチャップやマスタードを載せる……といった各々の作業に細分化され、分担によって流れ作業化されていた。この効率的な運営を見て、クロックは商機を確信する。そして、その店を経営するリチャードとモーリスのマクドナルド兄弟を口説き落として、フランチャイズ展開の権利を獲得するのだ。

強欲にも見えるクロックの経営手法とマクドナルド兄弟の対立が、この映画の主題である。だが、細分化・分業化・単純化というマクドナルド兄弟の作り上げた低価格の大量生産方式と、その方式をコピーして全米で多店舗展開するクロックの経営手法自体は、どちらも同じ方向を向いているようにも見える。

大量消費というアメリカの食文化を象徴するマクドナルドという企業は、実は、一定の品質を保った大量生産の象徴でもある。そして、20世紀のアメリカでは、社会全体が「マクドナルド化」していくのだ。

ハウスワイフ（専業主婦）の誕生

生産、消費が拡大し、アップしていく給料は、自分一人のみならず、妻を養える経済力を男性に与える。だが**男性労働者の経済力の向上に対し、女性労働者の賃金は自立すら難しいほどの低水準に据え置かれた**。かたや一家を養える高給で、かたや自立すら難しい低賃金となれば、結婚した女性が仕事を辞めるのは自然のなりゆきである。こうして、妻子を経済的に扶養するのは男性の義務であるという概念が生まれたが、それは裏を返せば、妻が夫に経済的に依存する状態が作り出されたということでもある。

そして、高度経済成長期はワーカホリックの時代でもあった。ベルトコンベアで機械化された労働に従事するブルーカラー・ワーカー以上に、オフィスで勤務するホワイトカラー・ワーカーは、労働時間が延びていく。もちろん、モノが満ち溢れる豊かな社会で、消費欲を刺激され続けたのが1つの原因である。

だが、それのみならず、労働自体が神聖視されるようになったことを見逃すべきではない。休日返上の労働、対価を伴わない残業——これらは仕事への献身性を示すものとして美化されていく。

アメリカの場合、労働の美化はプロテスタント的な禁欲性に由来するとされる。ただ、キリスト教が浸透していない日本においても、会社への滅私奉公を是とする発想が定着しているという事実に鑑みれば、思想的な基礎はそれぞれあれど、経営側がそれらを利用して誘導した部分も否定できまい。こうして、余暇ではなく、仕事によってこそ自己実現を図るという新しい考え方が広まった。

「広大な家＋愛する夫と子ども」のセットメニュー

そして、こうした発想の転換は主婦業にも影響しうる。

第一波フェミニズムは夫を専制君主になぞらえた。ところが、夫への従属を奴隷的な隷属として勇ましく抵抗した女たちは、「暴君たる夫」が「愛する夫」に置き換わった途端に無防備になる。自らの自由な意思で、愛する夫のために尽くすことを選んだという言説が、結婚をロマンチックなものへと変えたのだ。こうして主婦は、経済的な自立をなしえない女性の妥協ではなくて、自ら選択したアイデンティティとなる。

結果、**労働と同様に、主婦もまた家事に矜持《きょうじ》を抱くように仕向けられる。**

広大な家はチリひとつなく掃き清められる。お菓子や調味料も既製品ではなくて手作りが好まれる。夫は常にシャツにパリッとアイロンがかかった完璧な服装で家を出る。電化によって容易になったといわれる家事は、しかしながら、それまでにない清潔さと完璧さが求められ、さらにそれが妻の夫に対する愛情を測る物差しとなって、際限なく増加していく。

家事の増大に反比例して、家事の担い手は主婦一人となる。

高度経済成長期の前までは、年長の子どもは子守りなどとして家事や育児の重要な担い手だった。だが、死亡率の急速な低下によって、子どもは躊躇《ちゅうちょ》なく惜しみない愛情を注ぐべき対象となる。こうして、小さな労働者と見なされていた子どもは庇護の客体となり、ひいては、家庭が子どもを育てるためのハコと見なされるようになる。つまり、家事や育児の補助者であった子どもは、逆に、夫と並んで奉仕の対象となるのだ。

また、ミドルクラスの家庭にもふつうに存在していた家事の補助者たるメイドは、高度経済成長による賃金の急激な上昇でラグジュアリーと化す。結果として、家事労働は主婦一人の責任としてのしかかるようになる。家が美しく整い、子どもがかわいらしい格好をしていることは主婦の誇りであり、そうでなければ主婦失格の烙印《らくいん》を押される。

閉鎖的な空間に追いやられた妻たち

さらに、主婦業は孤独だった。お互いの不安や不満を吐露し合う井戸端会議のための共有の作業場は消え去る。家族で農業に従事する社会では、親戚の手伝いで互いの家に出入りする機会も多かっただろう。家族と家族の垣根は、今よりもっと曖昧だったのではないか。ところが、現代の核家族は家族の境界に明確な線を引く。そして、その閉じた家庭で主婦は孤立していく。

そう、現代の家族は専業主婦を隔絶されたプライバシー領域へと囲い込む。組み立てラインに象徴されるブルーカラー・ワーカーの労働は機械の一部であるかのように厳格に管理された。同様に、職場への献身の度合を競わせるホワイトカラー・ワーカーの仕事も、絶え間ない競争の場と化す。「生産」の場としての職場で市場主義の合理性が最優先課題となるにつけ、その反動のように、「再生産」、つまり子どもを生み育てる場には情緒性が求められる。家庭は、仕事で疲れた企業戦士を癒し、疲れを回復させて、再び仕事へと送り出すための安らぎの場となった。そのためには、世の夫たちが弱みを曝《さら》け出すために、閉じられた空間である必要がある。

こうして、**「生産」の場たる職場というパブリック空間に対して、「再生産」の場たる家庭はプライベート空間となる。**結果、専業主婦は、完全に閉じたプライバシー領域に囚《とら》われていく。家庭内の秘事を外の者と共有することはモラルにもとるとされ、さらにいえば、そういう愚痴を日常的にこぼしあえる同僚すら、存在しないのだ。

１９５０年代、豊かになったアメリカで、増えつつあるミドルクラスはこぞって郊外に一戸建てを買った。マイホームやマイカーというステイタス・シンボルを手に入れてくれる夫に、妻は献身的な家事で応じる。広い家を掃き清め、手作りの料理をオーブンから取り出し、夫と子どもの身だしなみを整える。のみならず、子どもの教育に限りない情熱を注ぐ。自分たちの城。私だけの場所。それは同時に誰も介入できない孤立。絵に描いたような〝幸せな家族〟を暮らしながら、主婦たちは言い知れぬ不安を抱くようになる。

ベティ・フリーダンの衝撃

高度経済成長期というフェミニズムと相容れない時代

そして、この主婦の憂鬱に鬱憤を込めて切り込んだのが、１９６３年に刊行されたベティ・フリーダン（１９２１～２００６）の『女らしさの神話』である。溜《た》め込んできた憤懣《ふんまん》の温度は、フェミニズム冬の時代の氷を解かすのに十分なほど熱かった。

さて、高度経済成長期というのは、往々にしてフェミニズムと相容《あいい》れない。フェミニズムというのは、資源の再配分を求める主張といっても差し支えなかろう。この世において不均衡に女性から搾取され、男性に分配されてきた原資を、適正に戻そうとの動きである。考えれば明らかなように、社会全体のパイが拡大していく時代において、フェミニストの叫びは女性たちの心を打たない。再配分を求める必要もなく、男も女も豊かになっていくのだから当然だ。フェミニズムが大きなうねりになるためには、女性たちの憤懣が一定程度まで溜まる必要があるのだ。

さらにいえば、高度経済成長期のシステムはフェミニズムに敵対的だった。日本にも90年代に入ってきた「ワーク・ライフ・バランス work-life balance」という言葉があるが、

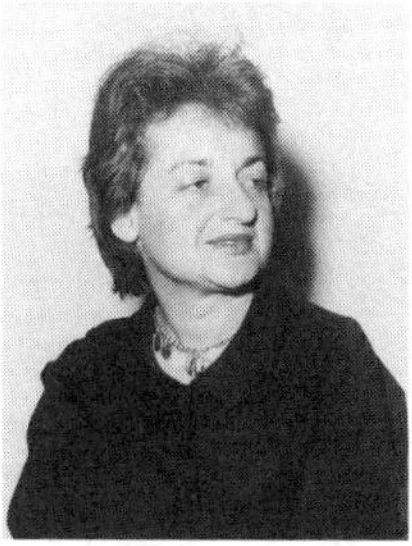

ベティ・フリーダン
（1921〜2006）
Betty Friedan
アメリカ、イリノイ州生まれ。作家、活動家、フェミニスト。フェミニズム第二波の口火を切る。1966年、全米女性組織（NOW）の共同創設者となり、初代会長に就任。

『女らしさの神話』
（1963）
The Feminine Mystique
フリーダン著。「主婦であり妻であるのが女性の幸せ」という共同幻想に疑義を唱え、300万部を超える大ベストセラーに。

高度経済成長期は男性が一家の大黒柱となって「ワーク」の一切を担い、女性が専業主婦として「ライフ」のすべて、すなわち、家事と育児全般を引き受ける。この性的役割分担は、物理的にも精神的にも男性の家庭へのコミットを最小限にして、その分を仕事に割いて大量生産の歯車を最大限に回転させてほしいと願う企業には理想的だった。別面から見ると、オフィスワークから解き放たれた専業主婦は、埋められない心の隙間を買物で発散した。そう考えると、仕事に邁進《まいしん》する夫が大量生産という供給側を、買物に依存する妻が大量消費という需要側を支えて、社会を高速回転させているともいえる。

加えて、アメリカの労働組合は女性労働者に極めて冷淡だった。アメリカにおいて、女性労働者の平均賃金は男性労働者よりも低かったのだ。「一家を養える賃金を！」というのが給料アップを交渉する労働組合の標語である。そのため、まず、女性労働者に低賃金で仕事を奪われるのは看過しがたかった。そして、この標語を正当化するのは、妻子が働かずに夫に依存しているという構造である。それゆえに、大黒柱と専業主婦モデルは労働組合にも支持されていたのだ。

経営者側どころか労働者側すら、女性の問題に興味を持たない。こんなフェミニズム冬の時代に、専業主婦の憂鬱という観点から切り込んだのがフリーダンである。そして、それゆえに、固定化された性別役割分担というシステムそのものを震撼《しんかん》させたのだ。

専業主婦の憂鬱を喝破したフリーダン

『女らしさの神話』は、フリーダン自身の懊悩《おうのう》に基づく。

フリーダンの母は、結婚によってジャーナリストの仕事を辞めて、主婦業を完璧にこなしていた。成功したユダヤ人であるフリーダンの一家は物質的には裕福だったが、精神的に満たされない思いを抱えた母は、夫と喧嘩《けんか》し、子どもに八つ当たりして、買物に依存した。

フリーダン自身は結婚して3人の子どもたちを育てながら、家庭の外でジャーナリストとして仕事を続ける。だが、仕事を理由に家事を疎《おろそ》かにするとの理由で、夫は彼女に不満を抱いている。その間、子どもの火傷《やけど》に罪悪感を抱いたフリーダンは、一時期、仕事を辞めようと考えていた。

仕事を誇りに思う一方で、母として妻としての務めをないがしろにしているとの罪悪感を覚える日々。そして、そんな「無名の一介の主婦」が、恐る恐るではあるが、自らの倫理観を縛る社会のシステムそのものに疑問を抱きはじめたのだ。

その実、フリーダンは「無名の一介の主婦」ではない。フリーランスの物書きとして、一定程度名前を知られていた。また、当時、女性の入学を認めていなかったハーバード大学に対して、女子大のハーバードと呼ばれていたスミス・カレッジを卒業してもいた。彼女は、１９５７年に同級生２００人にアンケートを行う。名門女子大を卒業した高学歴女性たちの多くは専業主婦となり、もちろん物質的には満たされていた。だが、幸せかというとそうではなく、慢性的な不安や動揺にさいなまれていた。

　こうして、他の女性たちの経験をインタビューしようという試みによって、フリーダンは、外面的には何不自由のない中産階級の女性たちが、その内面にもやもやとした不幸を抱えているという現実を知る。その悩みは、貧乏、病気や飢餓といったマテリアルなものではなく、彼女たち自身、その不幸を十分に説明できなかった。だが確かに、彼女たちは、自分が存在しないように思え、訳もなく疲れて、不満を押し殺すために精神安定剤を必要としていた。**フリーダンは、彼女たちの抱える不幸に「名前のない問題」と名づけた。**

　１９５０年代のアメリカでは、女性たちが結婚のために大学をやめ、大学を卒業した女性たちも子どもを生み育てることを〝仕事〟にするようになった。母乳で子どもを育てられずにノイローゼになる女性、金髪女優と同じ色に髪を染め若いモデルの体型を目指してダイエットする女性、がんになったのに中性的にはなりたくないと薬の服用を拒否する女性……。**女らしさを追い求め、母性を追求し、「主婦は職業」と「消費の女王」と持ち上げられながらも、彼女たちは満たされていなかった。**結婚して子どもを持ち郊外の綺麗《きれい》な家に住んで、夫と子どものことだけを心配する理想の生活を送っているはずなのに……。

セクシーなランジェリーで自分を顧みない夫の帰りを待つ。仕事に向けていた情熱を子どもの教育へと振り向ける。より女らしく、より母らしくあれば、いつかこの辛苦が報われると信じて。こうして、彼女たちは、社会が作り上げた「女らしさ」の理想によって、果てなく身を磨《す》り減らしていくのだ。

１９４０年代までに多くのことが可能になったにもかかわらず、50年代の女性たちは自らより強く家庭や結婚を希求している。フリーダンは、こうした「女らしさの神話」が築き上げられた理由をさらに追求する。

1950年代の女たちを覆った不幸の正体

フリーダンは、過去20年間における女性誌の女性像の変化を調べた。例えば、１９３０年代に〝自立した〟キャリアウーマンを描いた雑誌は、「女らしさは家庭から」「家事というビジネス」や「男性を罠《わな》にかける方法」といった記事を出して、女性性を大きく打ち出すと同時に、女たちを「主婦」として家庭の中に押し込めた。逆に、「これぞ男の仕事：政治」として家庭の外の公的領域は男性の支配する場だというイメージも醸成された。

フリーダンによれば、第一波フェミニズムを経た女性たちは、自立したキャリアウーマンという選択肢を手にしたものの、それは妻・母という生き方との二者択一であり、多くの女性たちは、男性に依存する道を選んだという。その背景として、彼女は、フロイト理論の影響を指摘する。

フロイト理論は、性に抑圧的だったヴィクトリア時代のユダヤ文化という、特異なバイアスを持つ。ところが、１９４０年代のアメリカ女性の精神分析の枠組みとしてそのまま使用されてしまったがために、「女らしさの神話」に科学まがいの宗教的な根拠を提供することになったのだ。

こうした「女らしさの神話」は、学校での教育によって強化される。フリーダンによれば、１９５０年代から60年代を通じて「性指向」の教育者が、少女たちを女子向けコースへと押し込んだ。すなわち、物理学を学ばせて科学者にするよりは、家政学によって将来の主婦業へと備えさせるのだ。少女たちは物理学よりも家政学に適性があるかのように、科学を歪曲《わいきょく》する言説すら存在した。

そして人類は宇宙へと活動範囲を広げたにもかかわらず、女性たちは家庭へと閉じこもるようになった。こうして自己実現できない女性たちは、夫や子どもを地位のシンボルとして私有するようになり、それに嫌気がさした夫に退けられると、子どもに過剰に干渉するようになる。

女らしさを賛美する風潮が世代を超えて再生産されるのを断ち切るために、**フリーダンは、「女性が女性である前に人間であることを無視してはならない」と主張する。**彼女たちが一個人として本来的に有する成長志向を阻害しないこと、それによって教育と報酬を受けてはじめて、女性たちは自立できる。

この著作が力を持ったのは、時代に恵まれたためである。１９６０年代の社会は、この衝撃的な告発を受け入れられるほどに成熟していた。フリーダンのマグマのような怒りが、成熟したこの時代に火を吹き込んだ。畳みかけるように、これでもか、これでもかと事例を積み上げて、声なき声を具体化する。フリーダンは怒っていたのだ。そして、自分自身の怒りの源を探っていたのだ。名門女子大を最優秀の成績で卒業したのに、夫ではなく自分だけが家庭的な責任を負わされ、罪悪感に引き裂かれそうな思いで働いている。いったいこれはなんなんだ!!

このフリーダンの憤懣はアメリカ社会に怒濤《どとう》のように広がっていく。『女らしさの神話』は、1年で30万部、３年で３００万部に達し、13か国語に翻訳される大ベストセラーとなったのだ。

１９６０年代、フェミニズムの復活

女たちにも「教育と報酬と自立」を!

フリーダンは、執筆による意識覚醒のみならず、行動による女性たちの組織化に成功する。

それは１９６６年６月のことだった。「女性の地位に関する委員会全国会議」に各地からやってきた女性活動家たちは、会の成功に安堵《あんど》して祝杯でも挙げようと、『女らしさの神話』で一躍有名になっていたフリーダンのホテルの部屋に集まる。

フェミニズム冬の時代になんとか生き残っていた女性活動家たちは、レジスタンス運動を実践していた。要は、表立ってフェミニストであると公表することを憚《はばか》り、地下組織を形成して情報交換していたのだ。その当時、フェミニストであると上司に知られれば、解雇のリスクを伴ったからである。フリーダンの部屋での会合は、逆風を生き抜いた活動家たちにとって、フェミニズムがはじめて日の当たる場所に居場所を与えられそうだと、知る契機になったことだろう。

機は熟していた。女性の地位に関して大統領から諮問を受けた委員会は、先立って１９６３年に「アメリカの女性」と題する最終報告書を大統領に提出する。この報告書は、性別役割分担を前提とするものであったが、それでも、社会全体に広く存在する女性差別を明らかにした点で衝撃だった。実際に、公刊されたこの報告書はアメリカにおいてベストセラーとなったのである。こうして、女性たちは、それまで個人的に体験してきた不合理を女性全体に対する差別だと認識するようになった。

委員会の報告書や『女らしさの神話』で目覚めた女性たちは、**個人で我慢する必要はなく、むしろ社会の改良を呼び掛けるべきだと考えるようになった。**そうすると、人口の半分を占める女性たちの主張は、政治家でも無視できない。ジョン・F・ケネディの暗殺によってその後を継いだリンドン・ジョンソン大統領は、フリーダンの知名度を、１９６８年の大統領選挙のキャンペーンに使おうとして彼女に接触し、公職に女性を登用するため、その基礎となる候補者リストの作成を依頼する。人材のリストアップを契機として、フリーダンは、フェミニズム冬の時代に陰ながら手を取り合って闘っていた地下組織と接触する。こうして、**1966年10月に「全米女性組織（National Organization for Women：NOW）」が結成**された。

リベラル・フェミニズムの巨大なムーブメント

本の中で「ふつうの主婦」と強調したそのペルソナに反して、フリーダンは類《たぐい》まれな頭脳を持っていた。スミス・カレッジという名門校で、彼女は当時有数の心理学者のもとで

NOW　NOW PAC　NOW Foundation　Media Center　Events　Members Only

Honoring Our Founders & Pioneers

Printable PDF

At the 2011 National NOW Conference, the organization honored Sonia Pressman Fuentes as one of its

Below are brief profiles of some of these women and men.

Gene Boyer, 1925-2003

Gene Boyer was one of the 28 women who gathered in Betty Friedan's hotel room on June 28, 1966, and participated in the discussion that inspired NOW. She served as NOW's national treasurer from 1968 to 1974, and was instrumental in forming the NOW Legal Defense and Education Fund (now Legal Momentum) in 1970, serving on its board and as its president. Boyer was a driving force behind the celebration of International Women's Year, established by an executive order signed by President Gerald Ford in 1975. Boyer was a lifelong feminist, and her activism spanned working for the Equal Rights Amendment, sexual assault reform, marital property reform, reproductive rights, sex education, and stopping violence against women and girls. Boyer founded the Jewish Women's Coalition in 1995 and, always prescient, established an online listserve and contributed regularly to JWC's email alerts and advisories long before the internet was a primary mode of communication.

Kathryn Clarenbach, 1920-1994

Kathryn Clarenbach was one of the NOW founders who participated in the first meeting in Betty Friedan's hotel room and recruited others to attend. She was on the temporary steering committee that made preparations for NOW's founding conference in October 1966, where she was elected Chair of the Board. A political science professor at the University of Wisconsin, she "forged the link between the emergent women's movement and traditional women's organizations." In 1981, Kay served as president of the NOW Legal Defense & Education Fund (now Legal Momentum). She was a founder of the National Women's Political Caucus and of the Wisconsin Women's Network. She served as executive director of the National Women's Conference in Houston in 1977. She developed continuing education courses for women through the University of Wisconsin Extension until her retirement in 1988. Wisconsin NOW named her Woman of the Year in 1980.

Inez Casiano, 1926-2011

Inez Casianoinez Casiano was a member of the first National Board of NOW, elected in October 1966. Casiano had been a director of a direct market research company in Venezuela. Moved by her passion for human rights, Casiano left her career in market research to dedicate herself to the empowerment of marginalized communities in the U.S. In the year of NOW's founding, she was at once engaged in feminist organizing and involved in the planning of the White House Conference on Children and Youth. Casiano had to resign from the board when she joined the EEOC staff, where she wrote a program for unions for Hispanic Americans. She later worked for the Department of Labor, ultimately becoming a division chief in the Job Corps. In the 1970s, she co-founded the National Conference of Puerto Rican Women, now the National Puerto Rican Coalition. Casiano lives in Arizona and has been a lifelong advocate for youth, a champion of social and economic justice, and "equal parts feminist and civil rights activist."

Mary Eastwood, 1930-

In the 1960s, Mary Eastwood worked at the Office of Legal Counsel in the Department of Justice. With Dr. Pauli Murray, she co-authored the article, "Jane Crow and the Law: Sex Discrimination and Title VII," which reviewed the legal discriminations against women and declared that more women are feeling the effects of sex discrimination in the 1960s than in previous years. Eastwood was among the group in Friedan's hotel room the night of June 28, 1966, when a discussion of feminist action led to the founding of NOW. She was a key early organizer of the organization's work, and with East, Indritz and Caruthers Berger made up NOW's first Legal Committee,the first to sue on behalf of airline flight attendants claiming sex discrimination. NOW's picket of the EEOC, protesting their sex-segregated Help Wanted ads, was organized at Eastwood's apartment, and her photo was in the Washington Post the next day (above). Eastwood is retired and living in Wisconsin.

Catherine East, 1916-1996

Betty Friedan described Catherine East as "the midwife to the contemporary women's movement," and East worked closely with Friedan in NOW's early days. As staff to the JFK-created Commission on the Status of Women, East encouraged the creation of state-level commissions on women in order to generate local activism. She held senior staff positions with every presidential advisory commission on the status of women from 1962 to 1977, and from these positions, East was the women's rights movement's most important source of information on the nationwide status of women. After her retirement in the late 1970s, East remained an active feminist, serving as the women's issues coordinator for John Anderson's presidential campaign, and vice-chair of the Virginia Women's Political Caucus. She was inducted into the National Women's Hall of Fame in 1994.

1966年に発足後、現在も女性の地位向上を目指して活動を続ける全米女性組織（National Organization for Women：NOW）のホームページには、49人の創設者、パイオニアたちの紹介や、歴史がまとめられている。

心理学を専攻し、卒業後にはカリフォルニア大学バークレイ校で学問を継続した。スミス・カレッジを最優秀の成績で卒業するのみならず、卒論が権威ある雑誌に掲載されるという栄誉も得ている。秀才の誉れ高い彼女が、博士課程に進学して教授への道を邁進しなかったのは、女性でありユダヤ系であるという二重のマイノリティ・カードが、彼女の進路に影を落とすと考えたからだった。

頭脳明晰《めいせき》のフリーダンは、組織力と行動力にも優れていた。高校時代から友人たちと同人誌をはじめ、スミス・カレッジでは学生新聞の編集長を務め、１９４０年代には労働記者として急進労働運動にかかわっていた。大統領選キャンペーンを地元で組織した経験まである。第二子の妊娠と同時に記者を辞めた彼女は、驚くほどのハイスペックだったのだ。そして、持て余していたエネルギーをいかんなく振り向けることができる場所を得てからは、水を得た魚のように大海を自由に泳ぎまわる。

こうして設立時にはわずか３００人だった会員は、瞬く間に数万人に達して女性運動組織としては全米最大のものへと発展していく。初期のＮＯＷの活動としては、30代で〝スチュワーデス〟を結婚退職させる規則の撤廃を政府に求め、また、男性専用のレストランやバーでの座り込みなどが、フリーダンの先導で行われた。ジャーナリスト出身のフリーダンは、マスメディアを効果的に使用した。フェミニズム運動に冷笑的だったマスメディアではあるが、ふつうの人々にメッセージを届けるために欠くことのできない道具と理解したフリーダンは、積極的に記者会見を行い、イベントの告知をした。

ＮＯＷの中核を占めたのは、管理職や専門職などミドルクラスのエリート女性たちだった。彼女たちは、資本主義や核家族を含む既存の制度を前提として受け止めていた。彼女たちは、政府に働きかけて性差別の撤廃を成し遂げようとしていた。これは、政府や議会といったシステムを所与のものとして受け入れていることを示す。つまり、**性差別的な現行のシステムの「改良」を目指すものの、それを抜本的に「改革」することまでは求めない。人間的な尊厳を中心に据える彼女たちの立場は、「リベラル・フェミニズム」と称される**ようになる。

　ただし、よりパターナリスティックだった古いフェミニズムからの脱却も見られる。**フリーダンは中絶を支持する。これは当時としては革新的な態度**で、その立場に反対するフェミニストがＮＯＷから脱会する契機ともなった。だが、フリーダンは、女性の自己決定権という新しい立場を示して、旧時代のフェミニズムからの脱皮を促した。

　こうして、フリーダンというカリスマが率いたＮＯＷの運動は、１９７０年8月26日の

「平等のための女性のストライキ」の日に最高潮に達する。

フェミニズムが少数にしか支持されていないというマスメディアの迷信を覆すために提起された全国各都市の一大デモ行進には、何万人もの女性たちが参加した。警察から禁止命令が出されても、彼女たちは手に手を取り合って、高らかに顔を上げてメインストリートを大行進した。その胸は、フェミニズムの波が端々にまで広まっている連帯感から来る高揚に満ちていたことだろう。そして、そのあまりの数の多さに押されて、嘲笑的だったマスメディアもフェミニズムを真面目に報じるようになったのだ。

だが、潮が満ちるのは同時に退潮の気配にも重なる。１９７０年代以降、ＮＯＷは内部で、穏健派と急進派の深刻な組織内対立に悩まされるようになる。急進派の第一は、結婚

全米女性組織（NOW）が後援し、全米で一大デモに発展した「WOMEN'S STRIKE（平等のための女性のストライキ）」（1970年8月26日）のポスター。これより50年前、憲法修正第19条が発効され、それまで各州バラバラだったアメリカの女性たちに実質的に参政権が与えられた日（1920年8月26日）に合わせて行われた。

制度の廃止を目指す、よりラディカルなグループである。第二はレズビアン・グループだった。そして、1974年の大会で、「革命」を掲げる急進派のメンバーが会長に選出される一方で、穏健派は、この急進派によるNOWの乗っ取りの動きを阻止しようとして失敗する。つまり、組織を1つにまとめることができなくなっていた。

こうしてフェミニズムを返り咲かせたフリーダンによるリベラル・フェミニズムの時代は1つの潮目を迎え、新たな世代がフェミニズムをけん引するようになる。

第三章　生み落とされたラディカル・フェミニズム

——フェミニズム第二波（１９６０年代後半）

リブ運動の胎動

セクシャリティに斬り込んだラディカル・フェミニストたち

第二波フェミニズムは、シモーヌ・ド・ボーヴォワール（１９０８〜１９８６）がフランスで１９４９年に出版した『第二の性』を源流とするといわれる。

「人は女に生まれるのではない、女になるのだ」

あまりに有名なこの言葉は『第二の性』の冒頭として知られるが、事実ではない。第Ⅰ部「事実と神話」、第Ⅱ部「体験」という順番で記された本書は、邦訳に当たって第Ⅱ部と第Ⅰ部が倒置されたのだ。それゆえ、第Ⅱ部の冒頭の、このただでさえ印象的な警句になお一層の重点が置かれるようになる。

とはいえ、この端的な一文がセックス（生物学的な性差）とジェンダー（社会的な性差）を切り離したとされる。生物学的な所与の性の次元であるセックス概念に対して、社会的・文化的な構築物としてのジェンダー概念を打ち立てることで、フェミニズムのパラダイム・チェンジを行った、という言説である。そして『第二の性』は、戦後のフェミニズムの金字塔として、現在でもその輝かしさはいささかも失われていない。

さて、１９６０年代のリベラル・フェミニズムは、男女の生物学的な差異を最小限のものとして、ジェンダーのレベルにおける平等を説いた。一方、**60年代後半から湧きおこるリブ運動は、まさにセクシャリティ（人間の性）の問題を中心に据える。**そう、リブ運動とは、ラディカル・フェミニストの運動、通称、ウィメンズ・リベレーション・ムーブメント（女性解放運動）で、リブと略される。

他の先進国同様に、アメリカのリブ運動はニューレフト運動の中から生まれる。公民権運動とベトナム反戦運動の中枢を担った学生運動が、リブの胎動を育んだ。

公民権運動は、あの有名なローザ・パークス事件を契機とし、１９５５年、マーティ

シモーヌ・ド・ボーヴォワール
（1908〜1986）
Simone de Beauvoir
哲学者、社会理論家。フェミニストとしての彼女自身の生き方やその理論は、社会に多大な影響を与えた。写真は、哲学者サルトル（右）と広島の原爆ドームを訪れたときのもの（1966年10月10日）。

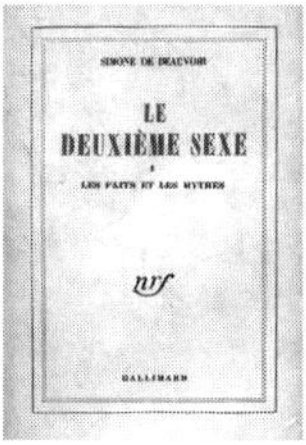

『第二の性』
（1949）
Le Deuxième Sexe
ボーヴォワール著。女性とは何か。歴史的に〝男性から逸脱した性〟とされてきた女性への待遇と問題点を考察。男女同権論の代表作。

公民権運動のワンシーン。アラバマ州セルマからモンゴメリーへ向かう人種差別反対大行進の先頭に立つ公民権運動指導者のキング牧師(左)とラルフ・アバナシー牧師(1965年3月22日)。

1960年代後半からベトナム反戦運動も各地で起こった。写真はワシントンでのベトナム反戦デモ。リンカーン記念堂前を出発し、ペンタゴンへ向かう(1967年10月21日)。

ン・ルーサー・キング牧師が呼びかけたモンゴメリー・バス・ボイコット運動で幕を開ける。その5年後には、黒人差別に反対する4人の黒人学生が、ノースカロライナ州グリーンズボロ市で白人専用のランチ・カウンターに座り込み、このシット・インと呼ばれる座り込み運動は、やがて全米へと広がっていく。

シット・インやピケ（ストライキ参加の促進、スト破りの阻止などの行為）を含む学生運動は、武器を持たない非暴力闘争だった。とはいえ、自分の身体を使って直接的に抗議を表明するこれらの運動ははなはだ挑発的であり、多くの場合、現場での衝突を引き起こした。実際に、差別主義者の白人のリンチにあって命を奪われる事例も後を絶たず、文字通り、命がけの勇敢さを要した。

１９６１年には、長距離バスでの人種差別に抗議する「フリーダム・ライダーズ」が組織され、人種による座席の区別を公然と破り、連邦政府への抗議を示した。これは南部の黒人の有権者登録運動へと広がった。

続いて、１９６４年の夏には、北部の白人学生が主体となって数百人規模で、ミシシッピ州など深南部の農村に乗り込み、有権者登録運動を助ける「フリーダム・サマー」という、大規模なプロジェクトが実施された。黒人の参政権を有権者登録制度が妨げていることに着目したこの運動は、それまでの都会でのシット・インやピケとは異なり、衆目が行き届かない深南部で行われるため、格段にリスクが高くなった。実際に、ミシシッピ州だけで15人が殺害され、千人以上が不当に逮捕されている。

北部のエリート大学で参加者を募り、選抜のうえでオリエンテーションをして南部へと送り込む。そこには、南部における黒人への暴力は見逃されたとしても、白人が暴力の対象となれば、必ず全米の注目を集めるだろうという冷徹な計算があった。自ら暴力の的となることを恐れないのみならず、それ自体を目的とする公民権運動の英雄的な勇気は、若い魂をひきつけてやまない。特に、この時期の公民権運動の組織は、家族的な親密さに満ちており、全員一致の合意によって物事を決するという極めて民主的な組織であった。そして、**このようなカルチャーゆえに、女性もリーダーシップを取ることが可能**となっていた。**メアリ・キングとケイシー・ヘイドン（1937〜　）はその代表的な存在である。**

キングとヘイドンが突いたニューレフトの矛盾――性的役割分担

　運動のリーダーシップを取ることは、同時に、参加においていささかも特別扱いされないことを意味する。実際に、女性たちも同じように投獄され、拘置所の中ではレイプや性器への傷害など、男性に比しても過酷な扱いを受けた。暴力が多少なりとも和らぐことを期待して、ときには女性参加者が前線に立たされることもあった。

　ところが、このような同等の雰囲気は組織の拡大に伴って霧消していく。自己犠牲をもいとわぬヒロイックな闘争は、多くの学生たちを魅了し、入会者が増えるにつれて、組織は女性を周辺へと追いやる。学生運動において、議論を扇動する男たちを横目に、**女性たちは、彼らにコーヒーを給仕し、料理や後片付けに追われるようになる。学生運動の中で性的な役割分担が再生産された**のだ。

　そういう状況を憂慮した**キングとヘイドンは、運動内部での女性差別を告発する文章を起草**した。だが、この文章は男性のみならず、黒人女性からも批判された。黒人女性の多くは、人種差別は女性差別よりもずっと深刻な問題であって、女性問題を焦点にすることで運動が分断されるべきではないと考えていた。

議論をはじめたいという女性たちの声は無視されたばかりか、後にブラック・パンサー党を創設してその党首となるストークリー・カーマイケルは、団体の中の女性の〝ポジション〟は「うつ伏せ」であると、運動における女性の立ち位置と性行為における女性のポジションとを掛けて揶揄した。優れた行動力によって尊敬を集めているリーダーによるこうした侮辱は、女性たちを一層苦しめた。

「女は、デモへとおもむく男にシチューを作れ」?

拡大する組織は、ますます性的な役割分担を固定化していく。

学生運動は、次第に内部において高度な議論を戦わすことをよしとするようになり、白人男性は、平等を志向しつつも、女性や黒人に対して知的優越感を抱くという矛盾した現象が現れる。運動内で女性が居場所を確保するためには、デモへとおもむく男性のために連日シチューを作り、彼らを批判せず、優しく包み込む母親役となるか、選ばれて力ある男性幹部の妻やパートナーとなって一定の尊敬を集めるか、「今夜、俺に公民権をくれ」

という一言で男性とベッドをともにする役割を担うかしかなかった。

なかでも、黒人の平等を求める運動に参画する以上、黒人男性からの誘いを白人女性が断りにくい雰囲気があった。そして、そういう態度を黒人女性は嫌悪した。運動の中の女性の役割は、黒人と白人とで女性を分断してもいたのだ。

母親か、聖女か、娼婦か。男性を主体に女性の役割が客体化される。運動に内在化された〝男性的な眼差《まなざ》し〟は、女性に主役の座を与えず、脇役に留《とど》まることを強要する。

そんな中、キングとヘイドンは、運動内の女性の地位を問題視するメモを改訂して、それについて話し合うことを女性活動家たちに呼びかけた。そして、大会の中で「女性問題」を扱うワークショップが開かれた。女性たちだけが場を移して議論する過程で、いままで、個人的なことだと感じていた不満が全体に共有されたものであることが実感されていく。

「個人的なことは政治的なこと」を胸に
ニューレフト運動を離脱、ウェッブとファイアストーン

「個人的なことは政治的なことである」

第二波フェミニズムを象徴する有名な標語である。そして、これこそが女性たちの原動力となった。自分たちがいままで感じてきたいらだちややるせなさ——それは、自分に知識がないからでも、実行力がないからでもない。私個人に起因する問題なんかじゃない。**社会に共有される問題が私の身に具現化されているんだ。そこに不公平な構造がある。**それを問うことは、恥ずべき言い訳なんかじゃなくて、正当な主張である。

こうして、フリーダンが先に名付けた「名前のない問題」は「女性解放」という明確な目標へと格上げされた。

だが、最後の議題として「女性解放」が取り上げられるはずの1967年の大会で、いまや遅しとじりじりと待っていた女性活動家の前で、1人のネイティヴ・アメリカンが「インディアンの問題が無視されている」と発言し、議場が混乱に陥る。慌てて、発言を求めて壇上へと駆け上がった数人の女性活動家に対して、議長は「頭を冷やせよ、お嬢ちゃん。我々には女性解放よりもっと重要な、ここで話し合わなきゃならない問題がある」と発言を封じ込めた。

その頃、運動の中の女性活動家は、あくまでニューレフトの運動と連携していこうとするマリリン・サルツマン・ウェッブ（１９４２〜　）らと、独立した運動を展開すべきだとするシュラミス・ファイアストーン（１９４５〜２０１２）らとの間で分断が生じていた。

　ところが、ウェッブが女性の解放をテーマに、１９６７年の大会で話しはじめたところ、「彼女をファックしろ」「演壇から引きずり下ろせ」「裏の路地でレイプしろ」などと、聴衆の男性たちが騒ぎはじめた。続いて、ファイアストーンが「あなたたち男性は革命を唱えているが、自分たちに権力を求めているだけだ」と端的に指摘して、会場は怒号に包まれる。この異様な空気の中で、**それまで男性との共闘を主張していたウェッブも、学生運動の組織から離れることを決意する。そして、ファイアストーンは「ニューヨーク・ラディカル・ウィメン（ＮＹＲＷ）」という組織を作った**のだ。

　こうして、ニューレフトの学生運動は、女性活動家の主張を取りこむ機会を失った。黒人活動家と連携することをヒロイックと見なした白人男性たちも、女とともに闘うことは拒否したのだ。**失望した女性たちは学生運動の組織から離れて、自分たち独自のフェミニズム運動を展開するようになる。**思えば、ニューレフトの運動そのものが、世界を変えられるという初期の高揚感を失っていた。そうした中で、フェミニズムの運動はニューレフトから分離して、リブとしての産声をあげる。

さらなる分裂、好奇な視線

こうして生まれたリブの運動は、当初の連携派と独立派の対立を内部にはらみながら、展開していく。具体的には、連携派は、マルクス主義的な議論に依拠して、女性問題に限らず資本主義の中核たる企業や国家を批判の対象とした。一方、独立派は、女性の社会的・文化的な差別を最重要問題として、日常生活における「革命」を意図した。

労働を中核に置くマルクス主義に対して、ラディカル・フェミニズムはセクシャリティこそが争点だと考えている。ニューレフト運動を経験した新たなフェミニズムの担い手たちは、タフな闘士だった。彼女たちは驚くべき行動力を発揮し、メディアの注目の的となる。

１９６８年、４００人のフェミニストがニュージャージー州アトランティックシティで毎年恒例の「ミス・アメリカ・ビューティー・コンテスト」で大々的な抗議を行った。女性をモノとしてその美醜を品評する会は女性蔑視のシンボルと考えられていた。このデモを発案したのは、１９６７年発足の初のフェミニスト団体「ニューヨーク・ラディカル・

ウィメン」だった。設立メンバーには、ファイアストーンのほかに、ロビン・モーガン（1941〜　）などが存在する。

ニューレフト運動のさなかで自分たちを見下す男性活動家への怒りを抱えたメンバーたちは、女性の連帯を訴える〝シスターフッド・イズ・パワフル〟のメッセージが書かれたパンフレットを配り、この言葉は初期のリブ運動のスローガンとなった。

だが、大衆は運動の全体像を理解しない。ひたすらにセンセーショナルな行動のみが報道され、注目された。アトランティックシティに集まったフェミニストたちは、プラカードを持って行動し、ミス・コンテストを家畜の品評会と見なして連れてきた羊に冠をかぶせた。さらに、ブラジャー、ガードルやハイヒールを「女性に対する拷問具」として、これを「自由のゴミ箱」に投げ込んだ。当初は、火をつけて燃やすことを予定していたが、許可が下りなかったためにゴミ箱に捨てるパフォーマンスとなった。

ところが、新聞がこれを取り上げて「ブラ・バーナー（ブラを燃やす人）」という見出しを付けたがために、過激な行動を象徴するこのワードは、その後のフェミニスト運動のイメージにぬぐいがたくつきまとうことになった。

性の不均衡の理論化

『性の政治学』――性交にも支配と被支配がある

実践から入ったラディカル・フェミニズムは、遅れて理論化の契機が訪れる。

最初は、１９７０年、**ケイト・ミレット（１９３４〜２０１７）**による**『性の政治学』**だろう。博士号取得のためコロンビア大学に提出された論文をもとにした本書は、出版されるや、ベストセラーとなった。文学を専攻していた彼女は、文学の世界における性交描写とその分析からスタートして、通常は個人的なことと考えられてきた**両性間の性交の場**

ケイト・ミレット
（1934〜2017）
Kate Millett

芸術家、社会活動家。フェミニズム第二波の中、彼女の著書『性の政治学』が与えた影響は大きい。ミレットは全米女性組織（NOW）の委員会メンバーになるなど、政治的活動も活発に行った。

『性の政治学』
（1970）
Sexual Politics

ミレット著。社会や文学の中の家父長制を厳しく批判。男性優位の土台を形成する〝家族〟という基幹システムにも言及した。

においても、実は「政治」が存在すると指摘する。ある集団が他の集団を支配する権力に基づく関係を「政治」と呼ぶならば、性関係にも政治は存在するのだ。

ミレットによれば**「性の政治」とは、男性による女性支配であって、政治、官僚制、宗教、軍事、産業から科学に至るまで、社会におけるあらゆる権力へのアクセスは、男性によって支配されている**という。そして、この権力の独占こそが、男性優位の家父長的社会の土台を形成するのだ。

ミレットは、男性支配に生物学的な根拠はないと考えている。それは、幼少期の家庭における教育に由来する。性に対する両親の考え方や社会のイメージを通して、子どもたちは自らの性のアイデンティティを形成する。それは長じるにつれ、女の子には人文学や社会科学を、男の子には科学、テクノロジーやビジネスといった教育を施すという社会における不均衡を生む。このアンバランスは、社会の家父長制的な構造をより強化する方向に働くのだ。

その意味で、ミレットの理論においては、家族こそが「家父長制の基幹システム」に違いない。それが社会の家父長的構造の最も身近なモデルの1つであり、そこで内面化された規範は、行政、産業や軍事という、より大きな家父長制の仕組みを支える基盤となる。

そして、この**家父長制システムを学習するプロセスは、家族という日常を舞台とする**がゆえに、ほとんど力による強制の要素を伴わないまでに洗練されている。だが、ミレットは、家父長制権力が、例外的に力を行使する場面としてレイプを挙げる。

　第一波のフェミニストたちは確かに参政権を獲得した。しかし、社会は何ら変化しなかったのだ。その理由として、ミレットは、女性の法的・社会的な地位を変革しようとした彼女たちも、家父長制そのものは手つかずのまま残してしまったからだと指摘している。

　リブ運動は、ミレットの分析を諸手《もろて》を挙げて歓迎した。自分たちの直感が、はじめて理論によって裏付けられ、家父長制という打倒すべき対象を与えられたのである。運動はさらに盛り上がった。自身がリブ運動に参画していたことを考えると、ミレットは、運動から得た体験を理論として運動に還元した最初の1人である。

　ミレットの分析は理論的には必ずしも精緻なものと評価されておらず、マルクス主義をはじめ様々な立場から批判されている。しかし、セクシャリティ、結婚や家族、そして政治、ビジネスや学問に至るまで、男性を優位に立たせ、女性を抑圧する複合的な装置が、具体的に描かれた点は、リブ運動の高揚のただなかにある女性たちに闘うべき対象の姿を明確に示したといえる。

『性の弁証法』——生殖機能の相違が諸悪の根源

続いて、ファイアストーンの1970年の著書**『性の弁証法』は、ラディカル・フェミニズムの理論的指導書として注目を集めた。**

リベラル・フェミニズムが、男女の生物学的レベルの相違を可能な限り無視してジェンダーの次元での議論を展開しようとしたのに対して、ラディカル・フェミニズムはセクシャリティとしての女を真正面から捉える。そして、その理論的基礎として、ファイアストーンはマルクスとエンゲルスの唯物論を再解釈した。

経済構造を土台として女性の抑圧を分析したエンゲルスを評価しながらも、ファイアストーンは、女性を抑圧する基盤を、経済ではなく性そのものに置く。男女の生殖機能の相違、つまり、**女性が子どもを再生産するという事実こそが、労働のジェンダー分業の原因**となる。これは有史以前に遡る普遍的な事実であると、ファイアストーンは指摘している。女性は妊娠中に外敵から無防備になるため、男性に庇護を求めてきた。妊娠や育児中に男性の保護を必要とする発想は、近代の核家族を受け皿として継続していく。結果、男性の庇護を求めて結婚すれば、女性は男性のために子どもを産むことを強制される。つまり、**女性の生殖は男性によって支配される**のである。

労働者と資本家という階級対立になぞらえて、ファイアストーンはこの世の抑圧の根源を、男性という支配階級と女性という従属階級の対立に求める。そして、ファイアストーンは、プロレタリアート革命によって生産手段を独占するのとパラレルに、**女性による生殖手段のコントロールが必要**だと考えていた。それが核家族を打破して中性的な子育てを行うことである。さらに、テクノロジーが進歩すれば、男女の生殖機能の差異は文化的には重要なものでなくなるとファイアストーンは予想していた。具体的には、人工生殖によって、女性は妊娠という野蛮な重荷から解放されるであろう、と。

『性の弁証法』
（1970）
The Dialectic of Sex

ファイアストーン著。カナダ系アメリカ人、急進的フェミニストだったファイアストーン25歳のときの作品。男性と女性という「性的階級制度」の根絶と再編成を説く。フェミニズムの古典。ファイアストーン自身は、ニューヨーク・ラディカル・ウィメン（NYRW）など、女性団体をいくつも創設し、多くの抗議行動や政治的活動に参加したが、この本が出る頃には、第一線からは身を引いていた。

ポルノと売春に銃口を

「既存の法」は「男の法」、法学者マッキノンの痛烈な批判

そして、セクシャリティの次元で女を語るラディカル・フェミニズムは、ポルノや売春の規制へと向かっていく。アンドレア・ドウォーキン（１９４６〜２００５）とキャサリン・マッキノン（１９４６〜　）が、ポルノグラフィ反対運動の主要な担い手となった。マッキノンは、フェミニズムを学ぶ私たちのスターだった。私がロースクールに通っていたとき、年に1度の彼女の講義は立ち見が出るくらいの人気だった。メッシュの入った髪を完璧に計算された無造作で結い上げた彼女の姿は、ため息が出るほどアイコニックだったのを記憶している。

イェール・ロースクールという全米一の名門ロースクールでヒラリー・クリントンの同窓となったマッキノンは、卒業後の極めて早い時期にセクシャル・ハラスメントを理論化した。この早熟の才能は切れ味がめっぽう鋭かった。彼女によって、セクシャル・ハラスメントは、上司と部下という権力構造を利用して部下を性的に搾取するものと分析され、

それゆえ男女の権力構造の不均衡を利用した性差別だと法的に整理できるようになったのだ。

　ロースクールの授業の課題で、「マルクス主義にとっての労働はフェミニズムにとってのセクシャリティにあたる」という文章からはじまる彼女の著書を読んだときの高揚感は、忘れられない。ミレットやファイアストーンにはじまった系譜の、確かな完成形がそこに存在した。

　そこを出発点として、マッキノンは性差別の問題を扱った。リベラル・フェミニズムにおいて、「平等とは男女の同一の取扱い」と定義され、逆に、「恣意的な区別が性差別」となった。ところが、マッキノンはこの定義に納得しなかった。男女を同一に扱う建前とし

キャサリン・マッキノン
（1946～　）
Catharine A. MacKinnon
弁護士、ミシガン大学ロースクール教授。法学の専門家として、女性の権利やセクハラ問題、ポルノや売春など性的虐待や搾取に焦点を当て、政治的な活動を行う。

アンドレア・ドウォーキン
（1946～2005）
Andrea Rita Dworkin
作家、活動家。反戦運動での投獄、夫のDVなど、虐げられた自身の経験を経て、ラディカル・フェミニストとして活動。ポルノやレイプなど性的暴力のプリズムを通し、男性至上主義の社会を批判した。

ての性中立的な法は、男性を人間の一般的な基準としているからである。だから、**ここでいう〝平等〟とは、男性用に作られた鋳型に女性を押し込めることにほかならず、それ自体が〝不平等〟なのだと、マッキノンは喝破**する。

ジェンダーを性差の問題と捉えたリベラル・フェミニズムに対して、マッキノンは、ジェンダーとは支配と従属という権力関係の一形態にすぎないと考えていた。だから、支配階級と従属階級を作り出すものとして、ミレットやファイアストーンと同様にセクシャリティを据える。また、リベラル・フェミニズムにおける平等とは、男女を〝恣意的に区別する法〟の修正を指す。一方、**マッキノンのいう平等とは、〝そもそも男性をモデルとした法〟を根本から作り替えること**をいう。そして、既存の法を根本から覆すにあたり、マッキノンはポルノグラフィの問題に取り組む。

レイプとセックス、ポルノと売春

その前提として、マッキノンはレイプとセックスを連続的なものと捉えていた。1970年代、「レイプはセックスではなく暴力」という言説が広まる。これは、家父長制の下でも許容されなかった〝暴力〟に分類することで、被害者を辱めずに、行為を犯罪として告発するための１つのレトリックだった。

だが、**マッキノンは、一方を単なる暴力としつつ、それ以外を普通のセックスという二極に分類すれば、男女間に不可分に存在する権力関係を無視することになると考えた。**明確な暴力や脅迫を伴うセックスと、暗黙の力関係を前提とするセックスの間には常に無数の複雑な形態が存在する。例えば、彼女は人事権を持つ上司に口説かれているのかもしれない。例えば、彼女は経済的な依存先である夫に求められているのかもしれない。

そして、**マッキノンは、セクシャリティによる支配の最たるものとして「ポルノグラフィと売春」に照準を合わせる。**

１９７０年代前半のアメリカで、ポルノ映画がメインストリームに躍り出た時期がある。１９７１年の『ホットサーキット』に『スクール・ガール』、そして72年の『ディープ・スロート』などによって、ポルノ映画は大衆に受け入れられたかに見えた。こういう空気の緩みに対して、保守派とラディカル・フェミニストという１８０度真逆の２方向から抗議の声があがる。保守派は性的な秩序の退廃を嘆き、ラディカル・フェミニストは女性への性的な強要を批判した。

特に、１９７６年のポルノ映画『スナッフ』は、実際に主演女優が殺されてバラバラにされている場面が収められているという話だった。後にこれは、宣伝効果を狙って仕組まれた偽情報だったと判明するが、こうした喧伝《けんでん》がフェミニストを激怒させる。女性の殺害場面で人を惹《ひ》きつけるということは、すなわち、女性への暴行はエロチックであるとの価値観を世に垂れ流していることになるからだ。こうして**短い間だが、保守派とラディカル・フェミニストは手を取って、ポルノグラフィ反対運動を展開**する。

一般論として、ポルノは、行為ではなく表現の領域にある。そして、その思想に賛成できないとしても、表現である限りは広く保護するのが「表現の自由」の原則である。もちろん、その露骨さゆえに保護の範囲を外れるポルノもあるものの、ヌードを含むグラビア雑誌の多くは「表現の自由」の範疇《はんちゅう》とされ、一大産業を形成している。

ところが、**マッキノンは、ポルノは表現の範囲から行為へとはみ出していると説く。**

まず、**ポルノの被写体になる女性からの性的搾取**である。多くの場合、女性との間に契約があるだろう。だが、マッキノンによればそれは自由な同意とは程遠い。ポルノ産業に足を踏み入れる女優は、総じて恵まれない環境にあるとマッキノンは語る。典型的には、一緒に暮らしている男が暴力気質のヒモ体質で、彼女を性産業に売り飛ばして稼がせている。または、ほとんど騙《だま》されるようにして、ビデオへの出演に同意している。日本でも、このような実態が問題視され、アダルトビデオへの出演を強制されるなどの被害を救済するための法律が、２０２２年に成立している。

次に、**マッキノンは、撮られる側のみならず見る側の女性も、ポルノによって性的に搾取されると語る。**女性の中には、幼い頃に身近な大人からポルノを見るように強要された経験を持つ者がいる。結婚した後に、テレビの前に縛り付けられてポルノ鑑賞をさせられた妻も存在する。そして、同じ行為を強要される。極端なケースでは、ポルノを鑑賞中の男性から「本物が来たぞ」と強姦された事案もあるのだと、マッキノンはいうのだ。だからこそ、ポルノが表現の範疇だから憲法によって保護されるという論理に、マッキノンは反対する。実際に、日本でも、恋人の連れ子を性的に虐待したとされる事案で、幼い頃に連れ子にポルノ鑑賞を強要し、そこから実際に行動へとエスカレートしていったという証言もある。

ポルノグラフィの規制について、保守派は猥褻に関する法律を採用してきた。一方、マッキノンは、これを性差別の問題と構成する。既存の法を拡張するのではなく、新しい法の姿を模索する彼女ならではの発想である。

ミネアポリス市で議会を通過するとの盛り上がりを見せた反ポルノ条例だが、結局、市長による拒否権で葬り去られた。その他、マッキノンが各地で手掛けた立法はどれも成功しなかった。そして、彼女は、マスメディア、プレイボーイなどの産業界のほか、一部のフェミニストからも激烈に批判された。これは、マッキノンという法学者とタッグを組んでポルノ廃絶に尽くした作家のドウォーキンについて、さらによく当てはまる。

作家ドウォーキンの壮絶な過去

大学時代にベトナム反戦運動に参加して投獄されたドウォーキンは、検査の名目で性器を金属器で傷つけられるというショッキングな経験をした。さらに、それを実名で告発し、マスメディアに嘲笑的に報じられ、休学を余儀なくされるという二次被害にもあっている。

その後、結婚してオランダに渡ったが、夫からドメスティック・ヴァイオレンスを受ける。ＤＶの一環としてポルノを見せられ、女性はこのように扱われるものだという誤った考えを抱いたという。25歳で結婚から逃げ出した彼女は、ホームレスとなって売春によってお金を稼ぐ。ドウォーキン自身が虐げられる女性の痛みをこれでもかというほど体験した、ある種、ラディカル・フェミニズムの申し子だった。そこから、フェミニストに見《み》出《いだ》された共著を書き、ラディカル・フェミニズムの運動に身を投じていくのは、必然だったかもしれない。**彼女ほど、性愛に伴うミソジニー（女性蔑視）を、徹底的に、完膚なきまでに批判した人は、他にいないだろう。**そのあまりの急進性は多くの批判も招く。

ラディカル・フェミニズムも、男女は生物学的な性で決定されるのではないと捉えている。生物学的なセックスと社会的なジェンダーの両方が影響しあって、〝男〟という支配階級に対して、〝女〟という従属階級が生まれると説く。ある意味、支配者たる男を〝男〟ならしめるために、その対照として〝女〟が作られたとも考えうる。例えば、宝塚においては、男役を引き立たせるために娘役は自らの声域よりも1オクターブも高い声で歌う。これと同じことがこの社会でも起こっているのだ。強い者をより強化するために、女性は弱々しい役割を運命づけられた。

そして、女性が本来持つべき力を搾取するその源泉が〝セックス〟だと、ラディカル・フェミニズムは考える。性的な関係において、女性は男性と対等ではない。「ノー」という言葉を常に打ち砕かれて、望まぬ性行為を強要され、それを何度も繰り返すうちに抵抗する気力すら失う。そうやって、セックスの度に意思を打ち砕かれて、男性が支配して女性が従属するという構造が強化されると、マッキノンのようなラディカル・フェミニストは説く。

例えば、サッカー部のエースが勉強もよくできるキャンパスの1番人気だったとしよう。そんな将来を渇望されるエリートに選ばれるために、女の子たちはフィールドから黄色い声援を送るチアリーダーになる。パイロットに選ばれるために、洗練されたキャビン・アテンダントであり続ける。弁護士と秘書でも、商社マンと受付嬢でも、組み合わせは無数にある。つまり、女性は、セクシーな補佐役となって選ばれる側にまわる。選ぶのは常に男で、選ばれる女性は主体性を失っていく。

はじめてのデートは映画館だった。次のデートではドライブになった。そして、3度目のデートで高級ホテルのラウンジに行った。もう少し飲まないかと、彼はホテルのキーをちらつかせる。設定がやや古いかもしれないが、最終的に男女の付き合いは、多くの場合、性行為へと向かっていく。そして、マッキノンのようなラディカル・フェミニストによれば、セックスは、男性の主体性と女性の客体性を決定的なものにする。性行為において、主導権は常に男性にある。いつどこで誰とそうした関係になるかは常に男性が決める。女性は、受け入れるか否かのみを判断し、多くの場合、受け入れざるをえない。結果、女性は受け身となる。

こうやって女性たちは主体性を失っていく。そのうち、彼女たちは、常に、彼らの目を通して自分自身を眺めるようになる。彼がいなくても頭の中に彼を思い描く。その彼が何を望むのかを想像し、それを基準に物事を判断する。彼にとって、性的に魅力的な対象であり続けなければならない。着心地のよいTシャツを諦めて、短いスカートから形のよい脚をのぞかせるようになる。安定感のある体型を、カーヴィーな肉体へと作り替える。

そうやって、少しずつ彼女の人間としての輪郭が描きかえられることになる。彼の性欲を満足させる美しい「性の対象」というフレームワークが存在する。その型枠の中に自分自身を無理やり押し込んでいく。**自分自身が、本来、何を望んでいたのかを頭の後ろ側にしまい込んで、彼女は自らの主体性を手放し、彼の性的対象物として作り替えられていく。**

これが、ラディカル・フェミニズムの語る「男性支配」の構造である。セックスを媒介として、男性が主体となり、女性が客体となる構造が形成される。そして、セックスのために男性の支配と女性の従属が固定化される。結果、男性の権力は高められ、反比例するように女性は貶《おとし》められる。

法律や慣習や常識…「男目線」のルールを変えよ

このような男性支配の構造は、この世のあらゆる細部にまであまねく及んでいる。だからこそ、ラディカル・フェミニズムは、法律、慣習や常識を含めて、この世に現存するすべての「客観」基準が、男性支配の構造によって歪《ゆが》められていると説く。

このラディカル・フェミニズムが、ラディカル、つまり、急進的であるゆえんは、この世の「客観」を否定するためである。

ラディカル・フェミニズムの旗手であるマッキノンに『女の生、男の法』(邦訳、岩波書店、2011年)という著作がある。この世の法はことごとく女の生の搾取の上に成り立っているとの主張を、端的に示したものである。「法」そのものが不平等であるがゆえに、ラディカル・フェミニズムは「法の下の平等」を要求しない。その運動の具体的な表れとして、法律を作り替えることも目的とした。だが、究極的な目標は、社会そのものの変革である。そして、そのある種、極端な主張ゆえに、男性社会のみならず、フェミニストからも反発を招くことになる。

ポルノについて、ドウォーキンは語る。

「ポルノグラフィは男性優位の具現化である。それは男性支配のDNAである。性的虐待に関するルールのすべてが、性的加虐に関するニュアンスのすべてが、性的搾取に関する常道や脇道のすべてがここに符号化されている」

ミシガン大学ロースクールにおける彼女の講演録がある。この大柄な女性の声には深みがあって柔らかかったという。そこで、彼女は、男性支配の構造の中で、女性たちが居場所を失っていく現状を語る。ポルノに身を投じる女性は、それによってわずかな対価を得る。だが、それを上回る多くがポルノ業者という男性支配の構造に搾取されている。のみならず、男性は誰もがこの性を媒介として、搾取の構造に加担しうる。

「ロースクールの学長、教授、男子学生……」

身近な男性誰もが潜在的な加害者となることを生々しく列挙したうえで、聴衆の女子学生に向かって彼女は叫ぶ。

「ダーリン、今夜、マシンガンを取り出すことができる。これってフェア？　この疑問は私たち自身の心を打ち砕く。これってフェア？　彼らの法を敬わないで。いい、彼らの法を敬わないで」(Prostitution and Male Supremacy, Michigan Journal of Gender & Law, 1-12, 11 (1993))

会場は異様な興奮に包まれたことだろう。〝マシンガン〟はあくまでも比喩だろうが、**男性支配構造を破壊するためには、既存の法的秩序に頼らずに、その外からの直截《ちょくせつ》な行動が必要であると説いた。ここに、ドウォーキンの急進性がよく表れている。**

彼女の言葉を原文で読むと、そこには不思議なほどの力が宿っている。特に、虐げられているすべての女性に「流されないで、従わないで、疑問に思って、抵抗して」と、自身の持っている力を手放さないように呼びかけるところには深い思いやりがある。かつての自分自身をそこに見出すように、現に痛めつけられている女性たちを抱擁し、自らとの間に紐帯《ちゅうたい》を築く。だが、一方で、その論理をたどることは難しい。なぜなら、論理そのものが男性支配の構造から自由ではないからだ。

　これはワクチン論争の構造にも似ている。ワクチンに反対する論者は、「ワクチンの危険性やそれによる死亡が巧妙に塗り隠され、製薬会社と一緒になって政府や科学者を含む権威がワクチンを推奨している」と主張する。「ワクチンの安全性や有効性を認める論文の方が採択されやすいのは製薬会社を含む支配構造が根深いゆえ」と語る。一方、ワクチンを推進するメインストリームは、ワクチンに対する強固な反対に科学的に反論することが難しい。だから、「陰謀論」と切って捨てることになる。

　反論すればするほどに、直接の再反論でなく、それこそが男性支配の構造の根深さを表すとの当初の問題に戻ってくる。永遠のトートロジー。決して引き出せない妥協。いらだったメインストリームから「陰謀論」とレッテルを貼られるほどに、ラディカル・フェミニズムはますます頑なになり、そうすればするほど強固な一部のみに支持され、大衆からかけ離れていく。

一時期、大きな力を持ったラディカル・フェミニズムは、しかしながら、急速に吸引力を失っていく。それはラディカル・フェミニズムの側からすれば男性支配の構造がそれだけ強いゆえだし、反対する側からすれば論理的ではないからだろう。

〝コンシャスネス・レイジング〟での覚醒

リブ運動は、学生運動のような中核組織を持たない。それゆえに、様々な団体が多種多様な形で運動を展開した。リブ組織のほとんどは5から30人の流動的なメンバーからなり、活動家の運動期間は平均して2年で、連続性には乏しかった。大衆を相手にした挑発的なパフォーマンスに疲れた活動家が引退すれば、経験的には未熟だが、熱意に満ちたニューフェイスが補充される。それぞれの活動期間が短く、団体自体の存続期間も短く、小さな団体は緩やかなネットワークを維持していたが、学生運動に見られた強力な組織化とは無縁だった。

そこでは〝コンシャスネス・レイジング（意識覚醒）〟という手法が、しばしば用いられた。集団が少人数であるがために、その親密な空気を利用して、子ども時代から結婚、性に至るまで、日常生活における女としての体験を話し合う。

　これは、１９６９年のニューヨークでファイアストーンらが作った女性グループで実践された。運動の中に序列が生じないように、５から15人くらいの少人数グループで、３か月間の意識改革期間を設け、その後に3か月間にわたってフェミニズム関係の書物を読み、討論を重ねたものが正会員と認められる。

　運動自体は短命に終わったものの、このコンシャスネス・レイジングという手法は、ラディカル・フェミニズムの理論構築に資した。この活動を通して、**それまで意識していなかった日常的な女性差別の実態を認識し、かつ、自己に内面化された男性に対する劣等感の克服を目指す。**これによってまさに「個人的なことは政治的なことである」というスローガンが血肉を持つ。いま、あなたが抱えている小さな悩みは、家父長制という巨大な社会構造の具体的な発露である。そして、女性の問題は私的な問題から、政治的な解決を要する課題へと格上げされた。

　リブ運動は、マスメディアに代表される一般大衆には必ずしも理解されなかったが、アカデミクスの中ではフェミニズムが学問として根付いていく。ただし、これ自体が、ニューレフト運動から息吹が宿ったリブが体制を転換しようとするエネルギーを失って制度の中に取りこまれたことをも意味する。
こうして、二番目の波も次第に衰退していく。

第四章　マルクス主義フェミニズムの希望

――フェミニズム第二波（1970年代前半）

フェミニズムとマルクス主義の〝結婚〟

「搾取」と「抑圧からの解放」に着目

マルクス主義における「労働」を「セクシャリティ」といいかえて、ラディカル・フェミニズムは理論武装をした。つまり、女性解放の理論化は労働者の解放に関するマルクス主義理論の助けを借りて形成されたのだ。一方、**「抑圧からの解放」というマルクス主義の理論をよりダイレクトに取り入れたのがマルクス主義フェミニズム**である。

マルクス主義は、資本家と労働者という2つの階級の間での搾取から労働者を救うために「プロレタリア革命」を模索した。一方、ラディカル・フェミニズムは、男性と女性という性支配の構造による搾取から、女性たちを救い出すために「性革命」を求める。階級支配一元論か、性支配一元論か――この二項対立はそれぞれに限界があった。

まず、ラディカル・フェミニズムを支える理論的な支柱は、ジークムント・フロイトに求められる。幼少期に男児はエディプス・コンプレックスを抱くと、フロイトは主張する。異性である母への性愛、そしてその母のパートナーとしての父への対抗心。母に執着する男児は、それゆえに父に去勢されるのではないかという不安を抱く。母を求めて父に対抗するか、母と並んで父にひざまずくか。この葛藤を乗り越えるために、男児は近親相姦の欲求を捨てて両親と決別する。一方、男児と同様に母に執着する女児は、去勢不安ではなく、自分が既に去勢された存在であることを自覚していく。父との対抗、父への屈服で揺れ動く男児と異なり、女児には屈服の一択しかない。こうやって、女児は、自らの劣等性を意識して、性支配の中に巻きとられていく。

このフロイトの理論は家庭における性支配の構造を説明はしたが、その抑圧からの解放は意味しなかった。フロイトが目指したのは、抑圧への〝適応〟であって〝解放〟ではなかったのだ。

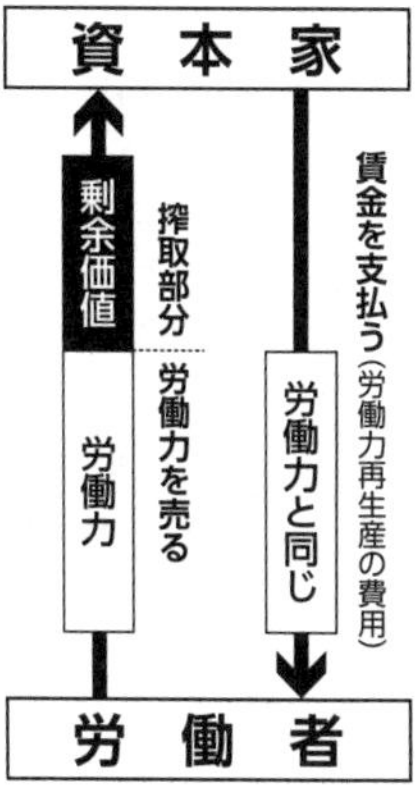

マルクス主義の、資本家と労働者の間で起こる「搾取」の概念。この場を〈市場〉から、マルクス主義が無視した〈家庭〉に移すと、男性（資本家）と女性（労働者）の間にも「搾取」の構造があると、マルクス主義フェミニズムは説明しようとした。

一方、マルクス主義は、非常に精緻な理論ではあるが、分析の対象は「市場」であって、「家庭」は射程外に置かれた。市場において労働者は搾取され続けるが、この労働者を市場へと供給し続ける家庭の役割は、マルクス主義においては所与の前提とされていた。

こう考えると、マルクス主義もラディカル・フェミニズムも、相互に不十分な側面がある。プロレタリア革命によって、市民の平等が達成されるかと思ったが、そこでいう市民はブルジョワ革命同様に男性を前提としていた。したがって、プロレタリア革命が実現したとしても、それは女性にとっては二度目の裏切られた革命となるだろう。

そこで、マルクス主義とラディカル・フェミニズムを統合しようとしたのが、マルクス主義フェミニズムである。マルクス主義が定義する社会「市場」の外部に「家庭」という領域があることを発見し、この**「家庭」における搾取の構造を、マルクス主義を利用して説明しようとした**のである。

ダラ・コスタらの叫び、「家事労働に賃金を」

「家事労働に賃金を」という叫びは、イタリアからはじまった。

1971年、マリアローザ・ダラ・コスタ（1943～　）という、イタリアを代表す

るマルクス主義フェミニストは、セルマ・ジェイムズ（１９３０〜　）とともに家事労働論争の契機となる論文を発表した。翌年、これが英訳されると、瞬く間に彼女の名を高めた。「家事労働に賃金を」というこの要求は国際的なキャンペーンに発展していく。

　ジェイムズらは「オペライズモ operaismo（労働者主義）」のメンバーで、マルクス主義理論に基づいて、社会における個人の基盤は労働にあり、公正な賃金は、その労働に社会的価値が認められるために不可欠だと議論していた。そして、**産業を支えるのは家族の健康維持や将来の労働者の生産など、女性が家庭で行う労働だと主張した**のである。これは、女性の家庭外就労を促す、従来のフェミニズムへの明確な挑戦状だった。

　イタリアに端を発した呼びかけは、１９７０年代半ばにはイギリスやアメリカなどの英

『女性の力とコミュニティの転覆』
（1972年※書影は1975年版）
The Power of Women and the Subversion of the Community
ダラ・コスタとジェイムズの共著。マルクス主義フェミニズムの古典。「家事」を「労働（産業を支える再生産労働）」と捉え、市場から排除されていることに疑義を唱えた。

語圏を中心とする社会主義フェミニストに担われて「家事労働論争」として大々的に展開される。

この主張は、即座にマルクス主義とフェミニズムの双方から批判される。マルクス主義は、家庭は市場の外だと捉えていたので「こんなのマルクス主義じゃない」と批判した。一方、ラディカル・フェミニズムも同様に「こんなのフェミニズムじゃない」と反発するのだ。家事労働に賃金を支払えば、逆に、性的役割分担を固定化しかねないとの批判は、今なお説得力を持つ。

だが、このイタリア発の問題提起によって、**「家事労働 domestic labor」は「家父長制 patriarchy」と並んで、第二波フェミニズムを特徴づけるキーワードとなった**のだ。

マルクス主義とラディカル・フェミニズムの「結婚」によって生まれたマルクス主義フェミニズムは、日本においても、上野千鶴子をはじめとする著名なフェミニストの紹介で大きな力を持った。世界的にはイタリア発と評価される「家事労働」の概念だが、実は１９７０年代に先立って１９６０年代の日本において、磯野《いその》富士子《ふじこ》（１９１８〜２００８）が同様の概念を唱えている。「家事労働」概念は「家父長制」概念よりも、日本に親和的だったのかもしれない。それもあってか、学問を積んだ聡明な日本のフェミニストたちは、マルクス主義フェミニズムを知って狂喜したように見える。

構造的な問題に理路整然と斬り込んだインパクト

１９７０年にケイト・ミレットは『性の政治学』を著し、同じ年にシュラミス・ファイアストーンは『性の弁証法』によって、いずれも家父長制こそが倒すべき敵であると明示した。これは多くの女性の共感を呼び、多数の言語に訳されてフェミニズムの名著には必ず挙げられる。とはいえ、感情に訴えるに十分だったこの論考も、アカデミックの理論としては飛躍もあれば、主観もあり、批判に耐えるものではなかった。

実際に、上野は、マルクス主義フェミニズムを、解放の思想に留まらない解放の理論を提供したと評価している。それ以前の女性解放運動は、上野によれば、男女差別を構造的に分析する枠組みを持たなかった。だから、フェミニストは、男女平等という真理にいつまでも行きつかない社会を嘆くのみで、なぜそこに至らないのかと考えをめぐらす術《すべ》がなかった。実践派のフェミニストは、ＤＶを受けた妻たちを救うシェルターを作り、望まない妊娠をした少女たちが駆けこむクリニックを設立し、ひたすらに被害者救済に尽力した。

だがしかし、こうも被害者を量産する社会の構造的な問題に斬り込む手立てもなかったのだ。

そこにはじめて、ある1つの完成された理論の枠組みとしてマルクス主義フェミニズムが登場し、多くのフェミニストの渇望に応えたのだろう。

マルクス主義の下、市場においては資本制というシステムが、労働者に分配されるべき富を資本家に不均衡に割り当てている。それとパラレルに、市場の外部にある家庭においても、搾取の構造がある。これがラディカル・フェミニズムのいう「家父長制」である。この家父長制とは、父という権威そしてモラルという規範に基づいて、性と世代によって不均衡な配分を行うシステムである。

まず、家庭の中のリソースは女性よりも男性に多く割り当てられる。わかりやすく日本の家庭に当てはめると、「めし」といわれれば温かいご飯を用意し、「ふろ」といわれればタオルと着替えを用意する日本家庭の妻は、男性に隷属する女性そのものなのだ。次に、家庭の中での資源は、子ども世代よりは年長世代に多く割り当てられる。息子や娘たちは、給料の一部を実家に入れて、そして身体の自由がきかなくなった親世代の介護という重労働を負担する。性と世代によるラディカル・フェミニズムの指摘に、マルクス主義フェミニズムは新たな分析を加える。

市場においては、例えば自動車が、例えば缶詰が、つまり物質が「生産」されている。**一方の家庭は「再生産」の場である。ここでいう「再生産」とは、子どもを生み育てることを意味する。**その子どもたちはやがて市場で働く新たな労働者となる。それゆえに、家庭というリプロダクションの場は、市場に供給される労働力を再生産し、生産システムそれ自体を再生産し、より根源的には人間そのものを再生産している。

ここから、マルクス主義フェミニズムの主張を詳しく見ていこう。

家事労働の理論化と、その顛末

「家庭」を無視するマルクス主義へ、デルフィの指摘

さて、マルクス主義とフェミニズムをつなぐ足がかりは「家事労働」として発見される。

もともと、市場のみを対象として家庭を射程外に置いてきたマルクス主義に対して、フェミニストの側から問いが突きつけられた。家庭の中で行われる「労働」が、マルクス主義のいうところの「剰余《じょうよ》価値」、すなわち、市場における「交換価値」を生むにもかかわらず、マルクス主義の枠外に置かれていることへの疑問である。

この家事労働というのは、例えば、家庭内で行われる料理、掃除や洗濯を指す。レストランから料理をテイクアウトすれば、それは市場における労働として、当然のことながら対価が発生する。お掃除サービスを頼んでも同じ。衣類をクリーニングに出してもしかり。ところが、これが家庭の中で「主婦」によって行われると、唐突に「労働」の範疇から外れて、マルクス主義者は途端に興味を失う。

同じ衣類をクリーニング店が洗濯すれば、それは市場価値を生む「生産労働」となり、クリーニング店の所得はＧＤＰに換算される。ところが、同じことを主婦がやった場合には、市場における財や生産物を生みださない「不生産労働」になってしまう。市場において交換価値を生むかどうかという市場側からの線引きで、「生産労働」と「不生産労働」が恣意的に決められる。

この**マルクス主義による線引きにフェミニズムの側から異論を説いたのが、フランスのマルクス主義フェミニストであるクリスチーヌ・デルフィ（１９４１〜　）だった。彼女は、端的に家事労働も労働であると定義し、そして、これをアンペイドワーク unpaid work、つまり「タダ働き」だとして問題視したのだ。**

もちろん、市場を経由しない労働というのは、家事労働に限られない。

例えば、日本の農家のお嫁さんを考えてみよう。舅《しゅうと》と姑《しゅうとめ》によって営まれてきた農業は、夫の代になって縮小したと仮定しよう。サラリーマンとして給料をもらう夫が家計を支え、わずかに残った畑で、妻は自分たちが食べる分だけのキュウリやらトマトやらを育てている。そのかたわら、彼女は、今年生まれたばかりの息子の世話をして、一家の主婦として掃除、洗濯や炊事にいそしんでいる。

この農家のお嫁さんは、家事や育児という「家事労働」に従事している。それと同時に、自家消費用の農作業という「家内《かない》労働 domestic work」にも携わっている。そして、「家内労働」の方については「もし市場を媒介したら」という仮定をつけて、経済学の中に組

1972年11月27日　パリでの女性解放運動（MLF）デモ

マルクス主義フェミニズムの第一人者であるデルフィは、1970年にMLFを共同設立、70年代の運動を牽引。81年には、ボーヴォワールらと、雑誌『ヌーヴェル クエスチョンズ フェミニスト（新フェミニズム問題）』も立ち上げた。

み込む考え方がある。彼女が作ったキュウリやトマトを、もしスーパーで買ってきたらいくらかかったかという観点から、彼女の労働を市場における価値として評価するのだ。

じゃあ、なんで「家事労働」については同じことができないのだろうか。掃除、洗濯や炊事それに育児。これらのサービスを提供する会社はいまやごまんとある。「もし市場を媒介したら」との仮定で、主婦の家事労働を経済学の中に取りこむことは、決して不可能なんかじゃない。むしろ、家内労働を「生産労働」と見なしながら、家事労働を「不生産労働」に分類するという線引きの方が、いまや立っていられる理由なんかないじゃないか。

そうして、マルクス主義フェミニズムは、家事労働と家内労働との間に本質的な差がないにもかかわらず、家事労働だけが市場での交換価値を生みだす労働と見なされてこなかった矛盾を指弾する。

なぜ「家事労働」は市場から放逐されたか――愛という名の粉飾

マルクス主義は、労働を、極めて恣意的に「収入を伴う労働」と「収入を伴わない労働」に分割し、のみならず、この「収入を伴わない労働」を不当に女性側へと分配した。

この恣意的な分割と性別に不均衡な分配――これこそが女性が市場において、「不払い労

働」という形で男性から搾取されていることの証左だと喝破したのが、マルクス主義フェミニズムの慧眼《けいがん》だった。

こうして、マルクス主義フェミニストたちは、家事労働を市場の外に追いやるのではなくて、市場の中のいかなる条件が、家事労働を市場の外に放逐したのかを分析し、そこから、性差別の構造的な要因を探ろうと試みる。

行きつく先は「愛という名の支配」である。家事を「不払い労働」と定義するか、それともお金に換価できない「神聖さ」をそこに見出すか。

家事を労働として経済評価の対象に組み込もうとすると、専業主婦らの側から必ず反論がくる。それが愛ゆえの自己犠牲である。夫の仕事を支えることは自らの喜びである。さらに、子どもの成長を見守ることこそが、何にも代えがたい自らの幸福である。無償の献身は聖母の神々しさをまとう。それを「労働」として、交換価値で評価しようとした途端に、聖なる行為は世俗の泥にまみれる。だが、この種の批判は、愛という名の粉飾で、女性に対する構造的な搾取が極めて巧みに糊塗《こと》されてきたためだと、マルクス主義フェミニストは考えるのだ。

1970年代半ばには、「剰余価値」にカウントされない「家事労働」を、経済的な価値として換算される「家内労働」に格上げするという目的があった。イギリスを中心とした「家事労働論争」によって花開いたこの真摯な問題提起は、ところが、80年代に入ると、「家事労働に賃金を」という、先のキャッチーではあるが要求としては非現実的な標語へと収斂《しゅうれん》していく。家事労働に給料を支払うとして、果たしてそれは夫か国家か誰の負担となり、その原資はどこにあるのか。このような現実的なハードルをおよそ無視したスローガンは、耳目《じもく》を引くキャンペーンとしてこの問題に関心を集める契機とはなったものの、社会の中で孤立して自然消滅してしまうのだ。その背景には、女性をめぐる状況の変化がある。

社会の変化に取り残されていったスローガン

１９６０年代から70年代は、戦後の先進国で主婦が大衆化した時代である。それまで、ブルジョワの〝奥様〟は、使用人という家事労働者を持つ特権階級で、一方の庶民たちの労働形態は、その多くが雇用ではなくて自営だった。例えば、家業が生花店ならば、夫も妻も店番をし、農業ならば畑に出て働いた。そこから、多くの先進国において、雇用者の比率が自営業者を逆転するに至ってはじめて、一家の大黒柱として市場に働きに出る男性と、家事労働に従事する専業主婦の女性というモデルが大量生産された。これが、主婦の地位、そして家事労働論争に火をつける下地となっていた。

　ところが、**同時進行で１９７０年代から80年代にかけては女性の社会進出も進む。**フルタイムで家事のみに従事する専業主婦が減少して、女性も勤め人としての地位を得るにつれて、給料においていまだに残る男女格差や、そこから市場と家庭における女性の二重搾取が問題視されるようになる。そういう中で、**「家事労働に賃金を」という一本調子は、いつしか時代に取り残されていった**のだ。

　しかし、「家事労働」の発見は決して無意味ではなかった。それまで分析の対象から外されてきた家庭、すなわち、「愛の共同体」を論争の対象として白日の下にさらしたのだ。そして、愛という名のもとに行われてきた自己犠牲が、まぎれもない「不払い労働」であると明らかにし、愛に糊塗された性差別を鋭く指摘したという重要な意義がある。

　マルクス主義フェミニストは、マルクス主義の理論が性差別の要因を分析するのに有用と考えていた。だが、それは同時に、マルクス主義を無批判に受け入れることではなく、家庭を射程外とするマルクス主義の限界を指摘し、その変更を迫るという緊張をはらんだものだった。

社会構造の変革を説いた意義

「僕たちの意識を変えていかないと……」

「男女平等」が広まった昨今、物分かりの良さそうな男性上司がそう口にするのを、あなたは何度も耳にしたことがあるだろう。いや、もしかしたら、あなた自身がそう口にする常識的な人間かもしれない。

　だが、この言葉はフェミニズムを意識の問題に矮小《わいしょう》化している。そして、**マルクス主義フェミニズムの最大の功績は、男女の間に横たわる問題を、男性諸君各々の意識や態度なんていう表面的なものではなくて、男女の間のパワーの分配という社会構造の深層へと掘り下げたことにある。**女性の解放は、意識改革なんかでは達成されない。この社会を揺るがす革命こそが求められる。フェミニストは、性差の論争を主観的な考え方のレベルから、社会・構造的な不正義へとエスカレーションするために、マルクス主義で理論づけしたのだ。

　フェミニズムのキータームに「家父長制」がある。この概念を、性支配に持ち込んだのは、ケイト・ミレットに代表されるラディカル・フェミニストである。だが、彼女たちは、家父長制支配の本質を主に心理的要因に見出していた。一方、マルクス主義フェミニストは、「家父長制」という概念自体をラディカル・フェミニズムから受け継ぎながらも、マルクス主義の唯物論にその基盤を見出すことで、これを構造として説明した。

マルクス主義フェミニストは、家父長制を「性に基づいて、権力が男性優位に分配され、かつ役割が固定的に配分されるような関係と規範の総体」と定義する。つまり、家父長制の基盤は、男性による女性の労働力支配にあると説くのだ。この支配は、第一に男性が女性を労働力市場から排除することによって、そして、第二に、たとえ女性を労働力市場に招き入れたとしても、二級労働者として買い叩《たた》くことによって生じる。女性はフルタイムの主婦として家庭の中に囲い込まれ、市場へのアクセスから遠ざけられてきた。１９８０年代には、女性の社会進出が進んだが、それでもレジ打ちなど非正規雇用に甘んじるパートタイムの主婦たちの賃金水準は、決して男性労働者と同等にはならなかった。マルクス主義フェミニズムは、この状況を偶発的な結果ではなくて、男性による組織的な女性排除の結果と捉えている。

そして、このような搾取の構造は市場のみならず、家庭にも存在する。先に述べたようにマルクス主義フェミニストによれば、「家父長制」は、性別と世代による支配の構造、すなわち、年長男性による女性の、または、年の若い構成員の抑圧にある。家事労働という不払い労働は、まさに、この搾取の証左なのである。

さらにいえば、市場のみならず、家庭においても、分配は往々にして不均衡である。夫がお客さんを歓待しているときに、妻はいそいそとキッチンで立ち働く。お客さんと夫が食した出来立ての料理の冷めた残り物をささっとつまむ余裕しかない。考えてみれば、お母さんはいつも残り物である。夫の残り、子どもの残りを、家事の合間についばんで、福々しく肥えた母親は「こんなに太っちゃって」と、はにかむように自らを卑下する。息子は大学進学を前提に教育投資をするのに、娘は短大でいいと思っている。こうして分配には常に性別による格差がある。慎ましやかであるべしというモラルを内面化した女性たちは、正当な報酬を求めるなど考えもしない。

こうして、マルクス主義フェミニズムは、家庭における、または市場における男女の地位が、個人的な問題ではなくて、構造的な支配従属関係であると明らかにする。女性たちは、巧みに市場から疎《そ》外《がい》されて家庭に閉じ込められてきた。そして、愛という名のもとに支配に甘んじてきた。この**女性という被支配階級の解放がマルクス主義フェミニズムの目的**となる。家事労働に従事する女性たちの国境を超えた団結は、そのための戦術だった。

完璧に見えた理論の限界

「生産」概念に含まれた罠

ところが、これほどに女性の抑圧を理論化したマルクス主義フェミニズムにも罠があった。モノを生産するという産業主義に偏重したマルクス主義に引きずられ、フェミニストも「生産」の枠組みから抜け出せなくなるのだ。

市場からの女性の疎外を問題視するマルクス主義フェミニズムは、女性に「生産者」としての地位を取り戻させることを試みる。「家父長制」を生産様式と捉えるマルクス主義フェミニストは、内部の女性の生産労働に賃金が支払われていないことを糾弾する。この過程で、フェミニストは、物質の生産に価値を置くマルクス主義のフレームワークの中に、女性の活動を無理やり押し込むことになる。

そこで抜け落ちたのは、「再生産」、プロダクションならぬ、リプロダクションという重要な視点だった。市場において物質が生産されるのと同様に、近代家族にとっての最重要の果実は次世代の再生産にある。家庭は子どもを生み育てるハコとなり、無尽蔵の労働力が家庭から市場へと供給された。その意味で、家庭は労働力を再生産する場であり、そうすることで生産システムそのものを再生産する場であり、そして、より根源的には人間を再生産する場なのである。

だが**女性の「労働」のうち、「生産」に関わるものと「再生産」に関わるものは、実は連続的**なのだ。

農家の主婦の例に戻ろう。彼女は、朝起きて家族のために朝ごはんを作り、舅や姑を介助して、そして畑で働きながら子どもをあやす。そう、女性たちは「生産者」であり、「再生産者」であり、両者は自然に重なり合ってきた。この両方を便宜的に分かち、「生産」に価値を置き、一方で、労働力を市場の外からいくらでも供給されてくるものだとして、家庭をブラックボックス化して評価の対象外としたのは、マルクス主義の恣意である。

とはいえそれはセックスブラインド sex-blind、つまり、性差別をしない、性に中立的な学問とされながら、その内側に、産業偏重、市場偏重、裏を返せば、家庭を、女性を軽視する構造的な差別の視点を内包しているのではないか。

にもかかわらず、家庭を市場のパラレルと位置づけ、女性も「生産者」であると認めさせようと躍起《やっき》になるうちに、フェミニズムはこの産業偏重の男性優位的な構造に見事にからめとられるリスクがある。

　こうして、マルクス主義フェミニストの中でも、「再生産」における女性の役割に注目する者が現れる。そして、これは偶然にも、ラディカル・フェミニストが主張した「産む性」としての女性と同じである。左翼運動の中から生まれて、１８０度別方向に展開したラディカル・フェミニズムとマルクス主義フェミニズムは、地球の裏側で同じ結論に至ったのだ。

ネオ・マルクス主義は「家事労働」を認めたが…

　さて、ラディカル・フェミニズムとマルクス主義は、どちらも不寛容な理論である。いずれも自分たちの理論がこの世の不均衡のすべてを説明できると考えて、他の要因が不公平をもたらす可能性を決して認めようとしなかった。

　ラディカル・フェミニズムは「家父長制」という概念を作り出し、これこそが女性の抑圧の原因であると考えた。男性と女性という対立によって、この世の不幸を余すところなく説明しようとする。この性支配一元論は、当然のことながら、無理があって容易に批判にさらされた。

マルクス主義はより洗練されていた。この世の財の不均衡を、資本家と労働者の間の富の配分の問題と捉えて、すべてを物質に還元していくマルクス主義の唯物論は、この世界を一応は説明できるようにも思えた。富の配分の不均衡は「資本制」に起因するのだ。そして、ブルジョワジーに対置するプロレタリアートという階級が、革命によって資本制を打破すれば、格差のない社会が訪れると考えていた。この階級支配一元論の下、労働者には男も女もなく、労働者階級が資本家階級を打破した暁《あかつき》には、女性を含むすべての労働者の搾取の構造が取り除かれるとされた。これが、マルクス主義が、セックスブラインドといわれるゆえんである。

　この世に搾取をもたらす根源は、果たして「家父長制」なのか。はたまた「資本制」なのか。男性と女性の階級対立か。資本家と労働者の階級対立か。性支配一元論も、階級支配一元論も、その一元性ゆえに自分の理論の中に相手の言い分を認める余地はなかった。

　いや、ここでもマルクス主義は、ラディカル・フェミニズムよりは一枚上手《うわて》だったのだろう。フェミニストからの突き上げが激しくなるにつれ、マルクス主義者は「家父長制」の理論にも居場所を用意した。マルクス主義に対する様々な批判に応えるべく、その理論を一部修正または拡張したネオ・マルクス主義は、家父長制は資本制に従属するサブシステムだといいはじめたのだ。要は、資本制と家父長制は相互に密接に絡まり合って、支配の構造を作り上げているとの主張である。

そう、ネオ・マルクス主義は、今まで無視してきた「家庭」をはじめて認めた。そのうえで、家庭が市場に蹂躙《じゅうりん》されずに放置されてきた理由を、資本制に有利だったという理屈で説明しようとする。どういうことか。

無償の家事労働を家庭という私的領域に委ねておいたのは、それを市場に取りこむとすれば、その労働があまりにも高くつきすぎるからだと、ネオ・マルクス主義者は説明する。大規模な機械化によって資本家に富をもたらした産業革命においても、家庭での家事労働のような、小規模かつ労働集約的な領域は市場に委ねることができない。なぜなら、コスト高によって赤字必須の業界であり、どの資本家も手を出さないであろうから。

子どもという存在、リプロダクション（再生産）の不合理性

例えば、**リプロダクションの一部は、現時点でも〝市場化〟されている。精子や卵子の提供そして代理懐胎《かいたい》はまさにこれに当たる。**アメリカでは、市場で卵子に１００万円を超える値が容易に付き、代理懐胎に至ってはさらにゼロが１つ付加される。

驚くほど、高コストな産業となっている。

もちろん、「リプロダクション」のほぼすべてが市場に委託されるようになれば、もう少し安価になると期待できるだろう。だが、卵子提供も代理懐胎も、女性の肉体の限界を超えて供給し続けることはできない。生殖年齢の女性だけが月に1度の周期で卵子を作り出すことができる。さらに、妊娠して分娩するとなれば、十月十日といわれる長い期間1人の女性の子宮は占有される。そして、それは同時に、妊娠しなければ可能になった労働機会を失うことでもある。

そう考えると、女性の家庭内での「労働」を、全部、市場から調達しようとすれば、どれだけ高給取りのサラリーマンだって支払いきれないのではないか。いわば、女性たちは、出血大サービスで、赤字覚悟の特大セールを、日々、開催している。こんな不合理は市場の理屈では説明できない。

そう、「この人の子どもを産みたい」という、愛のまやかしを経ずして、こんな重労働を安価で引き受ける女性はそもそも稀有《けう》なのだ。だからこそ、**資本制は、あえてこのコスト度外視の、非効率的な、不採算領域である「再生産」を、公的な市場という場と区別される、私的な家庭という領域に担わせた。**

こうして、家父長制というリプロダクション領域の支配構造は、資本制というプロダクション領域を含む全般的な支配構造を支える、補完的なシステムであるという論理ができあがる。これは、一見、フェミニズムと手を組むかに見える。だってそうだろう、家庭内における女性の労働の代えがたい価値を認めている。だってそうだろう、家庭内での労働から女性が得るものと男性が得るものを換算すれば、差し引きで女性側がマイナスだと認めている。

だけれども、ネオ・マルクス主義の目的は、フェミニズムの擁護ではない。フェミニズムを保護するように見せかけて、彼らが何よりも守りたいものは、マルクス主義という理論の純潔である。

マルクス主義とフェミニズムの〝結婚〟は〝不幸な結婚〟？

マルクス主義者の中には聡明な理論家が多数存在する。そして、忘れてはならないのは、彼らが理論の完全性を信奉しているということだ。緻密な理論と信仰にも似た熱情――この2つによって、マルクス主義は、自らに対するフェミニズムの挑戦を最初は門前払いする。マルクス主義によって説明できない領域なんてあってはならない。だが、無視しきれないほど大きな声になると、今度はまるっと取りこもうとする。それでもやっぱり、マルクス主義によって説明できない領域なんてあってはならない。ネオ・マルクス主義は、部分的にはフェミニズムに手を貸すかのごとく歩み寄ってきた。だが、**結局、マルクス主義の聖なる完全性を決して傷つけてはならないという、彼らを突き動かす本質的な動機が明らかになる。**冷や水をぶっかけられたフェミニストは、一度は感じたロマンチックな情熱から、白けたムードで目を覚ます。

この状況を、**ハイジ・ハートマンは「マルクス主義とフェミニズムの不幸な結婚」と語る。**

> マルクス主義とフェミニズムの「結婚」は、英国の慣習法で描かれている夫と妻の結婚に似ている。つまり、マルクス主義とフェミニズムは一心同体であるが、その一体とはマルクス主義のことである。最近マルクス主義とフェミニズムを統合しようとする努力がみられるが、私たちフェミニストにとって満足のいく方向でなされていない。というのは、フェミニスト闘争を「より大きな」資本に対する闘争に包摂しているからである。さらにここでの比喩をつづければ、私たちが必要とするのは、もっと

健全な結婚か、さもなくば離婚なのである。
――ハイジ・ハートマン「マルクス主義とフェミニズムの不幸な結婚――さらに実りある統合に向けて」
（『マルクス主義とフェミニズムの不幸な結婚』勁草書房、1991年）

マルクス主義の精緻な、だがしかし、不寛容な世界の中に取りこまれていくことを拒否したフェミニストは、資本制と家父長制は、それぞれ別個の支配構造であるという二元論を擁護する。

ネオ・マルクス主義者は、1970年代の半ばごろまで、フルタイムの主婦こそが資本制の維持に有益なピースの1つであると語ってきた。けれども、専業主婦そのものが消えゆくにつれ、議論の焦点を「女性の二重労働」や「二級労働者としての女性」に急速に移していく。フルタイムの主婦ではなくて、パートタイムの主婦こそが、資本制の維持に有益だと変遷する。

資本制の下で、フルタイムの主婦は市場から疎外され、家事労働という不払い労働によって搾取された。そして、市場の中に進出してもなお、パートタイムの主婦として、低賃金の労働に甘んじている。これは純粋に資本制のみによってもたらされる搾取なのだろうか。いや、労働市場にも「性別」という要素が働いていることを正面から認めることなくして、説明しえないのではないか。

そう、マルクス主義フェミニズムは、この世の支配のシステムが多元的であり、そして、資本家による労働者の搾取と同様に、男性という階級による女性の抑圧が行われていることを看破し、ここにフェミニズムとしての独自の場所を見つけ出したのだ。

第五章　異質なカルチュラル・フェミニズム

――フェミニズム第二波（１９８０年代）

女と男の差異は本質

男女の文化的な違いも肯定的に認めたフェミニズム

「このフェミニズムだけは、どうしても好きになれない」

ジャネット・ハリー教授はそう吐き捨てるようにいった。２０１５年、ロースクールの授業で、私はフェミニスト・リーガル・セオリーを選択していた。まずは女性を再配分の対象として不均衡を是正すべきだと説くフェミニズムに対して、人種差別、性差別、ＬＧＢＴＱ＋差別……この世の数ある「分断」のうち、「女性」を優先する論理を導き出すのは難しいと批判したハリー教授は、結果として〝自称フェミニスト〟という、不名誉な称号を得た。

とはいえ、彼女は、リベラル・フェミニズム、ラディカル・フェミニズム、マルクス主義フェミニズム……どのフェミニズムについても、教壇の上からあふれんばかりの熱情とともに講義をしてくれた。

それなのにどうしても好きになれないと告白したのが、カルチュラル・フェミニズムである。

リベラル・フェミニズム、ラディカル・フェミニズムやマルクス主義フェミニズムが第二波を代表するのに対して、**カルチュラル・フェミニズムは並べて語れるほど真ん中の道を歩いてきたわけではなく、むしろ、アメリカにおいては端っこに位置している**といえるだろう。だがそれでも、このフェミニズムを記述せずに、日本のフェミニズム（第七章）の根底にある発想を理解するのは難しいように思う。

「人は女に生まれるのではない、女になるのだ」

『第二の性』におけるシモーヌ・ド・ボーヴォワールの言葉に端的に見て取れるように、ジェンダーという文化規範は後天的なものと看破するところから、第二波フェミニズムがはじまった。

リベラル・フェミニズムは、男女の生物学的な差異を一定程度認めながらも、ジェンダーの次元における男女の差異は、モラルやイメージによって作り上げられたステレオタイプだとして、その打破を目標とした。ラディカル・フェミニズムは、さらにセクシャリティの次元まで踏み込んで男女の本質的な平等を求めた。

男女が本質的に同じものであるか――この問いは、フェミニズムにとっての「踏み絵」

であったといえよう。「人は女に生まれるのではない、女になるのだ」。そう断言できる者だけが、フェミニストと認められたのだと。

そういうフェミニズムの状況の中で、生物学的な差異のみならず、**男女の文化的な差異までも“本質的”なものだと考えるカルチュラル・フェミニズムは、明らかに異質**だった。

ギリガンの指摘、女性の特異性「ケアの倫理」

1982年にキャロル・ギリガン（1937〜 ）が『もうひとつの声』を出版した。

心理学者の彼女は、エリク・エリクソンやローレンス・コールバーグの発達理論を研究する中でその内容に疑問を抱く。正義感の発達を調査するコールバーグの理論の枠組みは、もともと男児ばかりを調査の対象として構築された。そして、男性のモノサシで測る限り、女性の道徳的発達は低位にとどまる傾向がある。これは、男性に比べて女性が、道徳的に劣ることを意味するのだろうか。ギリガンは、**何が正しいかを語る女性たちの声の響きに、男性とは根本的に異なる特異性を見出して、それを「もうひとつの声」と呼んだ。**

ギリガンが本の中で提示する例を挙げよう。

11歳の男の子ジェイクと女の子エイミーは、「末期がんに苦しむ妻をかかえるハインツは、薬剤師が開発した特効薬の代金をどうしても工面できない。妻を救うために特効薬を盗むべきか」という「ハインツのジレンマ」を聞かされる。このとき、ジェイクはすぐに結論に行きつく。薬剤師の所有権の価値と妻の命の価値を比較した彼は、妻の命の方に軍配を上げて「盗むべきだ」と結論づける。ジェイクにとって、「ハインツのジレンマ」は権利の競合の問題なのである。並び立ついくつもの権利に優先順位をつけることで、瞬時に解決可能な問題だとジェイクはいう。

一方、エイミーはジェイクに比べてずっと歯切れが悪い。薬剤師を説得できないものか、友人からもっとお金を集められないだろうか、盗んだとしてももし自分が捕まったら病気の妻の面倒は誰が見るのか……。様々な人との関係を気に病むばかりで、エイミーは態度を

『もうひとつの声』
（1982、邦訳1986）
In a Different Voice
ギリガン著。サブタイトルは「男女の道徳観のちがいと女性のアイデンティティ」。倫理学者、心理学者であるギリガンは、男性の「正義の倫理」と違うベクトルで、女性には「ケアの倫理」があると指摘した。

決められない。

　抽象的な思考によって普遍的な正義へとたどりつく道程を評価する従来の発達理論は、エイミーの態度を低く評価してきた。だが、本当にそうなのだろうか。「ハインツのジレンマ」をコミュニケーションの失敗と捉えた彼女は、コミュニケーションを可能とする相互の関係性の中で自分が誰をケアするべきなのかを問うている。つまり**「正義の論理」という物差しとは別ベクトルで「ケアの論理」という基準があると、ギリガンは語る**のだ。「正義の論理」は、ジレンマ問題を権利の衝突と捉える。したがって、特定の権利のために他の権利が犠牲とならざるをえない。他方、「ケアの論理」においては、誰かが別の誰かに踏みつけられることそのものが目的の未達成なのだ。特定の誰かが傷つき、取り残される結果の回避を目的とする「ケアの論理」は、それゆえに、事実を権利の次元に抽象化するよりも、それぞれが置かれている状況という具体の次元へと還元していく。これまで、論理的に明快な「正義の論理」に比べて、諸事情によって変更しうる散漫で混乱した志向だと「ケアの論理」は低く評価されてきた。

　しかし、「ケアの論理」は、そもそも達成しようとする普遍的な目的が「正義の論理」とは異なるとギリガンはいう。そして、その上でギリガンは、「ケアの論理」も「正義の倫理」と同程度に発達の諸段階があり、普遍的な目的へと向かうと理論化したのだ。

「ケアの倫理」の諸段階において、第一に自分の願望を認識する段階が来る。第二に、他人の願望を認識して、それに応えて自己犠牲を図る段階へとステップアップする。しかし、そこでとどまらず、第三段階として、他者への責任はまわりまわって自己への責任へと通じる。ケアというのは相互性がある。他者の尊重は、反射的に自分を尊重するよう求めることへと還元されていく。こうして、一方的な自己犠牲から相互のいたわりへとケアが昇華されるのが最終段階である。さらに、発達の階段を上った先に見えてくる普遍的な原理は、自分を含めて誰も傷つけてはならないとの命題、すなわち、非暴力の原理なのである。

それゆえ、女性たちの声は抽象性の低い文脈依存的な思考であると、「正義の倫理」という男性的な物差しに従って低く評価されてきた。それをギリガンは、女性たちの倫理観というのが男性たちの倫理観とは、そもそもその目的とする事柄が異なっていると指摘したのだ。

現状をやさしく包む理論の心地よさと危うさ

正直にいおう。私にとっては極めて耳触りのよい考えである。「男の子は競争を好み、女の子は共感を求める」という言葉に、深く頷《うなず》きたい自分がここにいる。

だが、直感的に受け入れやすいのはなぜか。それは**鋭利な刃物のように現状を切り裂こうとするフェミニズムとは対照的に、男女の異なる扱いという現在の状況をふんわりとくるみこんでくれるからだ**。逆にいえば、**現状を変えようという力が弱い**のだ。その結果どうなるだろう。**保守派によって巧妙に利用される可能性が容易に想像される。**

折しも、この本が出版された１９８０年代は、アメリカの保守化の時代と重なる。70年代に潮が満ちるように大きなうねりとなった第二波フェミニズムに退潮の兆しが見えはじめていた。81年からはじまるロナルド・レーガン政権は、伝統的な家族の価値を取り戻す政策を実施した。婚姻外に生まれてくる子どもの増加やエイズをはじめとする性感染症の増加を憂えたレーガン政権は、保守的な性道徳を称揚して、家族の価値を再興しようとした。それはすなわち、ケアの担い手として、女性を家庭に閉じ込めることだった。そして、ギリガンの説く「ケアの倫理」は、このレーガン政権の家族政策に利用された。

このような状況の下で、キャサリン・マッキノンは「ケアの倫理」を端的にこう批判する。

「女性が道徳に関する理由づけ・推論を行うやり方が〈もうひとつの声〉の道徳性であるとは考えられない。……女性はケアに価値を置くが、それは私たちが男性に示すケアに応じて彼らが私たち女性を評価してきたからである。……女性は関係性の観点からものを考えるが、それは女性の存在が男性との関係で定義されているからである。力のない者は異なるしゃべり方をするだけではない。むしろ、しゃべらない。力のない者の言葉は異なった仕方で語られるどころか、沈黙させられているのだ」（『フェミニズムと表現の自由』明石書店、1993年）。

彼女たちの〝男女平等〟

他のフェミニズムとのゴールの違い

男女が本質的に異なるというカルチュラル・フェミニズムは、男女の平等な取扱いについてもまったく異なるスタンスをとった。

男女の職業におけるゴールは、このフェミニズムにおいては、当然異なる。男の子たちがおもちゃの兵隊で戦争ごっこにいそしむとき、女の子たちはお人形遊びをしている。男の子たちが防衛大学校のぴたりと揃《そろ》った行進に興味を抱くとき、女の子たちは保育士養成のカリキュラムに目を輝かせる。社会によって作られたジェンダー・ステレオタイプであるとリベラル・フェミニズムが批判したこの「男らしさ」「女らしさ」を、カルチュラル・フェミニズムは男女の本質的な差異とする。だからこそ、看護師を志す少女たちに医師を目指せと、キャビン・アテンダントに憧れる少女たちにパイロットを夢見ろと、“Girls, be ambitious!(少女よ、大志を抱け!)”とばかりにお尻を叩いて、女の子たちの志向を変えようとしたリベラル・フェミニズムの方向性を、カルチュラル・フェミニズムは取らない。

問題は、その女の子たちの志向ではない。だって、彼女たちは、子どもたちを、お年寄りを、他の人たちをケアしたいという、より高い倫理性を持っているのだから。彼女たちは戦争よりも平和に興味がある。そして、そっちの方が断然いいとカルチュラル・フェミニズムは勢い込む。

そう、**問題は女の子たちの志向ではなく、社会の方にこそある。要は、ケアの職業が、この社会において不当に低く評価されていると、このフェミニズムは主張する**のだ。

なぜ看護師の給与は医師よりもずっと低いのか。

なぜキャビン・アテンダントの仕事の対価はパイロットよりもあがらないのか。

介護士は？　保育士は？　秘書は？

端的にいえば、**〝この世を支えるケアの役割＝女の子たちのゴール〟を正当に高く掲げるべきだというのが、格差を解消するためのカルチュラル・フェミニズムの方策**となる。つまり、看護師には医師と同等の、キャビン・アテンダントにはパイロットと同水準の報酬を支払うべきなのである。

この理論によれば、母性の完成形なる専業主婦は最も高く評価すべき職業となる。だからこそ、この派閥に属するクリスティン・リトルトンは、専業主婦には国家から給与を支払えといったのだ。のみならず、「母性 motherhood」をすべての公務員の役職における非公式の要件に使うのがよいという、よりハードルの高い主張もしている。

ここで、彼女がいう「母性」は生物学的な男性というセックスを排除しない。単に家で子どもをケアする役割を果たしているという社会的なジェンダーを指すからだ。要は、男性もケアを担えば「母」なのだ。さらにいえば、子育てを公務員の条件とすることで、男性にも人生のいっとき家庭に戻って子育てに専心することを奨励しようというのだ。

士官学校に女性を入れろ、という訴訟は間違い

アメリカのヴァージニア州の超有名な士官学校は男性のみを対象としていた。この学校

の厳しい校風は有名だ。バリカンで頭を丸坊主にされ、丸太のような腕をした上級生たちにどやされること——これがこの士官学校のコミュニティに受け入れられるための1年生のイニシエーションである。

訓練も過酷だ。匍匐《ほふく》前進を何キロも続け、気絶寸前の学生がゴールに倒れ込む直前、鬼軍曹のような教官は、ゴールを指すポールをより遠方へとずらしてみせる。ここがゴールだと気が緩んだ後にさらなる試練が待ち構えていることが、戦場においてはままあるからだという。さらに、この学校では、宿舎の部屋に鍵をかけておくことは許されない。戦場ではすべてを仲間と共有する必要がある。こうやって同じ釜の飯を食べて、厳しい教練を一緒に乗り切り、ときには、ともに裸になって肩を叩き合い、戦友たちはどんな場所でも安心して背中を預けられるという絆《きずな》を養う。

リベラル・フェミニズムは、この学校が男性しか受け入れないことは男女不平等に当たるとして訴訟を提起した。そして、この派のフェミニストがアイコンとして掲げるルース・ベイダー・ギンズバーグ判事（１９３３〜２０２０）の判決文は、女性用の士官学校は別に用意されているという学校側の主張を退けた。結果、このヴァージニア州の名門士官学校は、女子にも門戸を開いた。それから女性の入学が少しずつ増え、２０２１年には、コマンダーと呼ばれる学生の中の最高位の役職に、はじめて女性が就いたというニュースが流れる。ところが、士官学校のOBの中には「女の命令に従うなんてたまったもんじゃない」とばかりに、彼女を性的に揶揄する向きもあり、一進一退状態となっている。

一方、**カルチュラル・フェミニズムの立場からすれば、男性のみの士官学校に女性も入らせろという訴訟自体が間違っている。**戦争なんて野蛮なものを、ケアという高度の倫理性を持つ女性たちが担う必要は全くない。

おそらく、**この手のフェミニストは、士官学校の隣に保育士養成学校を建てて、そこに士官学校と同じだけの、いやそれ以上の予算を割くようにと主張するだろう。**将来の国を担う子どもたちを慈しみながら育てるという資質は、他国の土地を分捕ってくるという能

ルース・ベイダー・ギンズバーグ
（1933〜2020）
Ruth Bader Ginsburg
弁護士、法律家、連邦最高裁判事。1973年、アメリカ自由人権協会（ACLU）の法律顧問に就任後、性差別に関する多くの法廷闘争を手掛け、勝ち、注目される。法曹界でのキャリアの大半を男女平等と女性の権利擁護に費やす。93年、連邦最高裁判事に任命されてからは、時代の流れに伴いリベラル派判事と認識され、ポップカルチャーアイコンになるほど米国社会での影響力は大きかった。

力よりもずっと優れたものだと、カルチュラル・フェミニズムは考えている。だから、士官学校よりも保育士養成学校を高く評価することによって、戦争はなくなり、平和な世界が訪れるとさえいうだろう。

「女性が殴り合いをするなんて」という視点に同意。むしろそれ以上に…

――「女性が殴り合いをするなんて」。

例えばリベラル・フェミニストなら、2021年、ボクシング女子フェザー級で金メダルに輝いた入江聖奈選手を評した張本勲氏のこの言葉に、烈火のごとく怒るだろう。その憤怒の激しさを恐れ、または引き気味に眺める人もいるかもしれない。だが、リベラル・フェミニズムが社会に求めるものは、〝男は男らしく、女は女らしく〟というジェンダー・ステレオタイプを廃することである。変革の多くは、社会ではなく個人の肩に背負わされる。マミートラックという名の時短勤務がなくなった企業で、女性は男性と等しく働けねばならないのだ。制度に救いを求めず、個人としての努力のみで道を切り拓《ひら》くのがリベラル・フェミニズムの基本的な考え方だ。

一見、強い闘士の側面を覗《のぞ》かせつつ、個人の変革を目的とするリベラル・フェミニズムは、社会の変化を最小限に抑えられる。その意味では極めて穏当だろう。したがって、アメリカのビジネス界からも支持されている。だって、意識改革だけやっていればいい会社にとっては、コストが少なくて済むのだから。逆に、男性モデルの職場自体は変えないままに、そこへの最適化、すなわち、女性に男性の着ぐるみを求めるものだとも批判される。

——「女性が殴り合いをするなんて」。

張本氏の先の言葉に、一方のカルチュラル・フェミニストは穏やかに同意するだろう。「こんな物分かりがいいフェミニストがいるなんて」と張本氏は驚くかもしれない。だが、彼が本気で驚愕《きょうがく》するのは次の瞬間である。

「そもそも、ボクシングなんて殴り合いのスポーツを高く評価する社会がおかしいでしょう。**フロイド・メイウェザー・ジュニアが稼ぐ巨額のファイトマネーと同じだけの額が、編み物世界選手権優勝者に贈られる。そういう社会に変えていかなくてはならない**と思います」

〝男は男らしく、女は女らしく〟という保守的な発想にもなじむように思えたカルチュラル・フェミニズムは、個人ではなくて、社会の大胆な改革を提言して、一足飛びに過激な暴走をはじめる。

私は、この逆転の瞬間に胸が高鳴る。大胆過ぎる提言を含む巨大な思考実験の過程は、論理と情熱が適度に配置された豊かな分野である。なによりも、男女というものを根本的な問いとして捉え、答えを導き出そうと懊悩する、その人生を賭けた思考の足跡をたどる過程は、私を常に謙虚な気持ちにさせる。

エコフェミニズムとの連携

自然破壊と女性の抑圧を重ねる「エコフェミニズム」

カルチュラル・フェミニズムの一部はエコフェミニズムと連携していく。

「エコフェミニズム」という言葉自体は、１９７４年、フランスのフランソワーズ・ドボンヌ（１９２０〜２００５）に遡る。この言葉によって、ドボンヌは、生物と環境との相互関係を研究する生態学に焦点を当てて、フェミニズムを展開する。すなわち、**自然の破壊と女性の抑圧との間に重大な関連性があると指摘**したのだ。

１９６２年にレイチェル・カーソンが『沈黙の春』によって、殺虫剤による環境破壊に警鐘を鳴らしていた。それにもかかわらず、とどまることを知らない技術の進歩は自然を改変する。アメリカで起こったいくつかの災害や事故の中でも、79年のスリーマイル島原子力発電所事故は人々を震撼させた。これを契機に立ち上がった600人の女性たちによって「女性と地球上の生命」という、最初のエコフェミニスト会議が開催された。

この会議では、フェミニズム、軍事化、ヒーリングや環境保護がテーマとなった。つまり、環境破壊や核の脅威がフェミニズムの問題として構成されたのだ。なぜかといえば、テクノロジーの進歩による環境破壊も、男性による女性の迫害も、いずれも資本主義と家父長制という密接に重なり合う支配秩序によって生じるからである。こうして、**エコフェミニズムは、地球を癒す存在として女性を定義**しはじめる。

この発想は、カルチュラル・フェミニズムと親和的だ。人間と人間との関係を規定して

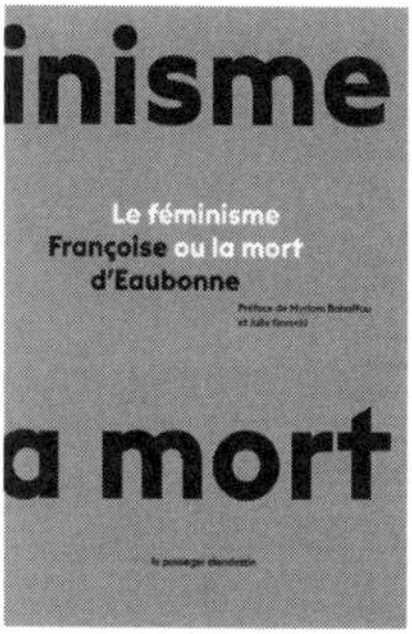

『フェミニズムか、死か』
（1974年、表紙は2020年版）
Le Féminisme ou la Mort
ドボンヌ著。本書で「男性による女性の抑圧と自然破壊は同じイデオロギーに基づいている」「人類が直面している危機から抜け出す道はエコフェミニズム以外にない」という指摘がなされた。ドボンヌは女性解放運動だけでなく、小説や詩、評論、伝記など作家活動も活発に行った。

いたカルチュラル・フェミニズムに、人間と自然との関係を加えるとエコフェミニズムが生まれる。そう、エコフェミニズムは原始における女性崇拝という精神性と太古の豊穣《ほうじょう》な視線を結びつけたのだ。そして、女性は生まれながらにして自然環境に近しい存在であり、天性のケアの資質をもって環境保護の先頭に立つべきだと呼びかける。

グローバリゼーションへの異議申し立てへ

一方、そこからさらに進んで、インド生まれのヴァンダナ・シヴァ（１９５２〜　）のように政治的にラディカルな立場をとる者も現れる。考えを同じくするマリア・ミース（１９３１〜　）との共著として、１９９３年に出版された『エコフェミニズム』は、ジェンダーの不平等と市場原理主義との関連、そして、グローバリゼーションへの異議申し立ての先陣を切った。

エコフェミニズムは、「人間と自然との関係」と「人間と人間との関係」という２つのパースペクティブを有する。相互の重なり合いについて、シヴァは、世界銀行が主導した「緑の革命」を例に挙げる。農薬や化学肥料を大量に使用して、大規模に単一作物を生産するモノカルチャーの農業形態が、１９６０年代後半までに世界を侵食していった。それはインドに根づいていた自給自足的な小規模生産農業の基盤を、ことごとく破壊したのである。そして、家族に食べ物などを供給するジェンダー役割を担っているインドの貧しい女性たちが、この環境破壊の影響を最もダイレクトに受けたとシヴァはいう。だからこそ、「環境の救済者」たる女性たちが立ち上がって、経済成長重視の開発パラダイムに対して、より持続可能なオルタナティブを提供すべきなのだ。

同時に、ミースとシヴァは、進歩した生殖技術についても、自然を破壊する暴力性を見出している。彼女たちが、強制的な人口管理政策として、第三世界で行われる不妊手術を徹底して批判するのは、それが男性原理による優生思想と容易に結びついて、女性の身体を管理するからである。

ヴァンダナ・シヴァ
（1952〜　）
Vandana Shiva
インドの環境哲学者、環境活動家。ドボンヌと同様、エコフェミニズムの領域を開拓。1980年代から種子保全運動や、生物多様性、資源保全活動などに取り組む。ライト・ライブリフッド賞、国連アースデイ国際賞などこれまで数多くの賞を受賞している。

エコフェミニズムは、人間と自然、人間と人間という視点を「男性＝文化」と「女性＝自然」という二項対立によって結びつける。科学技術による環境の搾取は、女性の身体に宿る内なる自然の支配、すなわち、女性蔑視の構造を正当化してきた。**エコフェミニズムは、人間による自然の支配と男性による女性の管理を二元論的に批判**するのだ。

モノカルチャー経済に抗議して、生物の多様性を訴えること。技術革新に潜む優生思想を暴いて、人種や性別の多様性を維持しようとすること。「人間と自然との関係」は「人間と人間との関係」と重なり合う。そして、短期的に利益を最大化しようとする経済成長重視の開発に対して、より持続可能な開発というオルタナティブを提案し、女性をその担い手に据えるのだ。

第六章　セクシー&エンパワメントの波、男女の解体

――フェミニズム第三波・第四波（1990年以降）

80年代、保守への揺り戻しの後で

第二波フェミニズムが力を持った１９７０年代の反動で、80年代は保守への急速な揺り戻しが起きる。いわゆる「新自由主義」の台頭である。

この「新自由主義」は、市場における競争を打ち立てる一方で、家庭においては保守性を発揮した。例えばイギリスでは、１９７９年から90年にかけてのマーガレット・サッチャー政権が、経済面では自由市場を重視する資本主義への回帰を目指しながら、家族政策においては伝統的な価値観を打ち出した。このような政権の姿勢の下、同性愛を「家族」として容認することは禁じられた。

時を同じくして、１９８０年以降のアメリカではロナルド・レーガン大統領が保守的な自由市場経済政策を推し進めた。同時に、レーガンは、同性愛者への平等な権利に公然と反対した。このレーガン時代には、牧師ジェリー・ファルウェルが１９７９年に設立した「モラル・マジョリティ」に牽引《けんいん》され、「家族の価値」を唱えて、フェミニズム、ＬＧＢＴ

Q＋の権利や生殖の選択に反対する動きが起きる。

　１９９１年、クラレンス・トーマスは、黒人として史上二人目のアメリカ連邦最高裁判所の判事に指名される。だが、この法律家として最高の栄誉に至る過程で、彼はセクシャル・ハラスメント疑惑に晒《さら》されたのだ。かつての部下アニタ・ヒルが、トーマスに繰り返し誘われ、それを拒否すれば、仕事の一環として性的な話を強要されたと証言した。上司だったトーマスは、あえて彼女に獣姦や輪姦の話題を振り、性に関する自らの技巧や器官を画で描写してみせた。自分の机の上のコーラを見ては、「誰だ？　俺のコーラに陰毛をのせたのは？」と性的な冗談を飛ばしたとヒルは証言する。

　こうしたヒルの迫真に満ちた証言にもかかわらず、トーマスは事実関係を全面的に否認し、結果として最高裁判事の職を得た。そして、ヒルは公然とバッシングされた。フェミニスト作家のレベッカ・ウォーカー（１９６９〜）は、一連の流れにミソジニーを見出し、『Ms.』誌に「第三波になる」という記事を発表した。

ライオット・ガールの登場

　この第三波フェミニズムの特徴は、第二波までに比べて、複合的な差別構造を問題視した点にある。〝インターセクショナリティ〟という言葉は、１９８９年にアメリカの公民権運動を黒人フェミニストの視点から掘り下げたキンバリー・クレンショーの著作の中で初めて使用される。そして、この言葉は、重なり合う権力構造が、黒人、ＬＧＢＴＱ＋、障碍《しょうがい》者や下級階層など社会の最も脆弱《ぜいじゃく》な層を迫害する状態を表す。そう、男性が女性を抑圧するという第二波の描いた極めてシンプルな構造は、第三波ではもはや通用しない。

女性同士の連帯を示す〝シスターフッド・イズ・パワフル〟が第二波フェミニズムの合言葉であったのに対し、第三波フェミニズムは、果たしてこの虐げられる者たちの連帯の中に、どのグループが含まれ、どのグループは排除されるかを問うた。

１９８０年代前半、ニューヨーク・タイムズ紙の「ポストフェミニスト世代の声」と題する記事の中で、フェミニストが目指すものに賛同しつつも、古い世代の「女性解放活動家」と一緒にされたくないという、若い女性たちの声が紹介された。彼女たちにとって、上の世代は、男性に対してあまりに敵対的で人生を楽しむことを忘れていた。加えて、「ブラ・バーナー」など、メディアによって提示されるヒステリックなフェミニストのイメージが、若い世代から敬遠されていた。

第三波のフェミニズムは、個人のエンパワメントを強調した。着たい服を着て、好きな男と寝て、人生を謳歌《おうか》する。**１９９０年代初頭、フェミニズムとパンクロックを組み合わせた「ライオット・ガール」と呼ばれるサブカルチャー運動は、〝ビッチ〟などの女性蔑視表現をポジティブな意味で用いて、女性性を再定義しようとした。**男性中心のロックンロール業界に、ガールズバンドも参入するようになり、そのバンド仲間の間で「ガール暴動」を起こそうという話から、『ライオット・ガール (Riot Grrrl)』という雑誌を創刊したのがきっかけである。

セックスにも「イエス」、ポルノにも「イエス」

こうした新しいフェミニズムは、女の子同士の絆の強さを称賛しながらも、セクシャリティの解放にも積極的だった。そして、ポルノを諸悪の根源のように忌み嫌う第二波のラディカル・フェミニズムをダサいと笑った。反ポルノ運動に身を捧《ささ》げたアンドレア・ドウォーキンなんて、次の世代の女の子たちには、説教くさいおばさんだったのだ。こうして、**第三波の流れに乗ったガールズは、女性にはセックスを拒否する権利があるという第二波の主張に賛同しながらも、同時に、羞恥を感じることなくセックスにイエスといい、ポルノを鑑賞する権利もあると主張**したのだ。彼女たちは、自分のセクシャリティを思う存分エンジョイする権利を求める。

これが第二波フェミニズムとの軋轢《あつれき》を生む。アリエル・レヴィは、過度にセクシャリティを強調し、性的に挑発的な行動をとる第三波のフェミニズムを「低俗文化」と批判した。その著書『男性優越主義のメスブタ——女性と低俗文化の台頭』（２００５年）の中で、性に自由だと主張する「強い女」たちは、その自由によって男性による搾取構造にからめとられていると懸念したのである。

実際に、１９９８年から２００４年に放映され、この時代を象徴するテレビドラマ『セックス・アンド・ザ・シティ』の中で、キャリー、シャーロット、ミランダ、サマンサという主人公たちは、性的に奔放で職業的にも成功したキャリアウーマンでありながら、彼女たちの幸せは多分に男に依存している。主人公のキャリーは、自分の人生を完璧なものにしてくれる男性を求めているのだ。

さらに、**第三波フェミニズムが描く「強い女」は商業的にも利用された**。フェミニストメディア BitchMedia の創設者でライターのアンディ・ツァイスラー（１９７２〜　）は、女性のエンパワメントという概念がオートバイから銃に至るまで商業的に利用されていることを検証した。テレビ番組は、お金を使って自分をパワフルに、あるいは、セクシーに見せることが自信を高めると喧伝する。消費の主体であることを享受する女たちは、皮肉なことに、そうすることで企業から、男性から、消費される客体へと身を落とす。こうして第三波フェミニズムは、一見、性にポジティブという進化を装いながら、男性支配の構造に容易にからめとられる危うさを秘めていた。主体性を手に入れたはずの女たちは、実は、男性によっても、そして新たに市場によっても搾取され続けている。

女性が目指す「美」の陥穽《かんせい》

こうした商業主義的な女性の搾取は、ナオミ・ウルフ（１９６２〜　）によっても指摘されている。１９９０年、『美の陰謀――女たちの見えない敵』（邦訳、ＴＢＳブリタニカ、１９９４年）の中で、彼女は「女性の美の基準は社会によって構築されている」と述べた。

キャットウォークを優雅に闊歩《かっぽ》する白人モデルは、非現実的な美の理想を、そうなれない世界中の大多数の女性に押しつけている。女性キャスターは若く見えることを強いられる一方で、男性キャスターは年を取るほどに威厳を増すのだ。**１９５０年代には良妻賢母を理想とした女性たちの目は、90年代には美しさに目標を据える。**ダイエットしてスリムになること、男性を性的に喜ばせること、メイクアップ技術を磨くこと――女性誌は読者を煽《あお》り続ける。こうして作り上げられた「美の神話」は、スレンダーな体型を維持できる人は、そのストイックさや意志の強さにおいてぽっちゃり体型に比べて道徳的に優位であるとまで持ち上げた。逆に、甘いデザートは「罪深い」誘惑などと、それが背徳であるかのごとく表現される。

そうして、女性たちは資本主義に搾取される。経済力を持つ男性と結婚するために、彼女たちは極端な理想を追い求めなくてはならず、進んで、いや、さらにいえば競って、自らを「商品化」していく。ダイエット、コスメティック、エクササイズに美容整形、ときとして陰部の整形までを含めて、企業によって莫大《ばくだい》な富を吸い上げられていく。１９９０年代を代表するモデルのケイト・モスに象徴される不健康なまでに痩せたスタイル、すなわち、〝ヘロインシック〟な外見に異議を唱える近年の動きは、ファット・ポジティブやボディー・ポジティブという言葉につながっている。

第三波のうねりと核心

バトラー著『ジェンダー・トラブル』——100人いれば100のジェンダー

だが、こうした様々な動きの中でも、ジュディス・バトラー（1956〜　）の『ジェンダー・トラブル――フェミニズムとアイデンティティの攪乱《かくらん》』（邦訳、青土社、1999年）という革新的な著作なくして、第三波フェミニズムを語ることはできまい。

第二波フェミニズムは、シモーヌ・ド・ボーヴォワールに従って、男と女の差異を議論する際に、生物学的な差異である〝セックス〟と、社会的・文化的な差異である〝ジェンダー〟とを明確に区別した。ボーヴォワールの『第二の性』は、ジェンダーの概念に対する新解釈を提示するものだったのだ。一方、**第三波フェミニズムは、バトラーの『ジェンダー・トラブル』によって、ジェンダー概念はさらに新たな次元を迎える。**

バトラーはポスト構造主義に属する。「社会の現実はそれを描写する言語によって構築

ジュディス・バトラー
（1956〜　）
Judith P. Butler
哲学者。政治哲学から倫理、現代フェミニズム思想まで、幅広く影響を与えている。イスラエル問題やLGBTQ+の権利など、現代の政治問題についても数多く発言。

『ジェンダー・トラブル』
（1990）
Gender Trouble
バトラー著。本書は「女たち」という概念を解体し、フェミニズムやクィアの研究に影響を与えた。

されるというのが、ポスト構造主義の考え方である。だから、バトラーは、社会的な実在というのは言語や動作といった「行為」の集積によって構築されていくと述べる。そして、バトラーにとってジェンダーとは、一定の行為を反復し、継続することによって形成され、維持されるものなのである。このような行為の繰り返しを、バトラーは〝パフォーマティビティ〟と呼ぶ。

つまり、こういうことだ。女という性別に生まれた女の子が、それだけで女性という性自認を持つに至るわけではない。ピンクの靴を履いて、髪の毛をツインテールにし、お人形遊びをする。こうした絶え間ない繰り返しによって、この子は、自分を「女の子」と見なしているのだと認識するに至る。生涯をかけての、この絶え間ない行為の反復が、その人の性自認を強化し、確立していくのだ。

こうして、社会は、セックス、ジェンダーそしてセクシャリティが密接に関連するように構築されたとバトラーは主張する。生まれたときに男性というセックスに分類されれば、男らしさを期待され、女性を性愛の対象とするのが当然だと見なされる。こうした首尾一貫した認識が何度も繰り返されて、それが文化規範となる。こうした規範ができあがれば、そこからの逸脱は罰せられることになる。男というセックスに生まれながら、女らしい行動をすれば、かつてはswish（ホモ、オカマ）などと軽侮の対象となり、ときとして差別的な暴力すら引き起こした。

バトラーは、この男性と女性という二元的な性規範を、社会によって課せられた罠に喩《たと》える。セックスは決して男性と女性という二極には分かれず、ジェンダーというのも、本来は決して男性と女性という正反対の両極に収斂するものではないはずだ。**１００人の人がいれば、１００通りの歩き方、話し方、見せ方があり、それは１００のジェンダーを構成しうる**かもしれない。だが、社会はこの二元論を絶対的なものとして、人々の思想の自由を著しく制限した。こうした社会規範は、男女両方の特徴を持つインターセックスな人々の身体を、医学的な手術によって、男性または女性のいずれかに適合するように人工的に作り替えていく。つまり、ジェンダーの二極が先にあり、それに対応するようにセックスも男女の2つに人工的に分類されてきた。私たちの社会において、客観的基準であるはずのセックスも男らしさや女らしさといったジェンダーの概念と深く結びついているがゆえに、バイアスの一切ない純粋なジェンダー概念を想定するのは、もはや不可能に近いかもしれない。

こうしてバトラーは、**第二波フェミニズムが所与の前提としていた「女たち」という概**

念を解体した。あらゆる女性が共有する単一の見方や本質、人生経験なんてないのだ。女たちをひとつに括《くく》ることなんてできない。女性全体へと団結を呼びかける第二波フェミニズムの「大きな物語」は、第三波フェミニズムにおいて、個人が個人として輝ける社会を目指すという「小さな物語」へと姿を変えていく。

『ジェンダー・トラブル』は、ジェンダーが絶対的なものではないことを示した。とはいえ、私たちはジェンダー概念からそう容易には逃れられない。「朝起きたら、クローゼットを開けて今日はどのジェンダーになるか選ぶことができる」――こういう解釈は誤りであると、バトラー自身が述べている。個々の繰り返しの蓄積という膨大な集積の下、ジェンダーは社会のシステムとして深く組み込まれている。こうした規範は、個人の行動によって一晩で替えられるようなものでは決してない。だが、希望がないわけではない。絶対的に思えたジェンダーは実はそうではない。個々の行動の集積によって弱体化させていくことが可能な社会規範に過ぎないのである。

ジェンダー概念を解体したバトラーではあるが、パフォーマティビティの罠を逃れる具体的な方法は提示していない。そしてそれは私たちの手に委ねられているともいえる。

ノンバイナリーという性自認

「私はノンバイナリーです。ハッピー・プライド・マンス！」

２０２１年６月、歌手の宇多田ヒカルさんは自らが〝ノンバイナリー〟であると告白した。この告白が、第三波以降のジェンダーやセクシャリティの多様性を象徴する。

ノンバイナリーの話の前に、プライド・マンスについても軽く触れておきたい。

１９６９年６月のマンハッタン、同性の客と一緒に踊っても嫌がらせを受けないゲイバーとして有名なストーンウォール・インに警察の手入れがあった。アメリカの警官は日本のおまわりさんよりもずっと手荒である。警察による屈辱的な暴力に、このときはゲイの側が抵抗した。それから３日間続いた闘争は、「ストーンウォールの反乱」と呼ばれ、抑圧されてきたセクシャル・マイノリティが自尊心を取り戻し、自らを解放するための社会運動の発端となった。

だから、６月は〝プライド・マンス〟と呼ばれ、セクシャル・マイノリティらが行進する大規模なプライド・パレードが、ニューヨークのみならず、ここ日本各地でも行われている。デンマークに本社を置くレゴはセクシャル・マイノリティを象徴する11色のミニフィギュアを発表し、アメリカの時計ブランドも虹色のニューモデルを発表した。ハーバードの法学データベースまで、この間、性の多様性の象徴であるレインボー・カラーに彩られる。

さて、このプライド・マンスに、宇多田ヒカルさんが自らのジェンダー・アイデンティティを〝ノンバイナリー〟と公表した際に、私はある雑誌から取材を受けた。そして、その雑誌の記者は「宇多田さんは、男性と結婚してましたよね？ 女性が好きなんですか？」と私に聞いたのだ。

この質問は「性指向」と「性自認」を混同している。例えば、「ほら、あの人ってLGBTQ＋の人じゃない」という言葉は大雑把すぎる。なぜなら、LGBTQ＋という言葉は「性自認」と「性指向」の両方を含むからだ。**自らの性別をどう捉えるかというのが「性自認」、どの性別を恋愛の対象として指向するかというのが「性指向」**である。

「性自認」は生物学的な性差である「セックス」と、社会的な性差である「ジェンダー」という2軸に分解される。

「男性／女性／インターセックス」というのは生物学的な「セックス」の軸の区分である。このうち、インターセックスとは、染色体由来で身体の性が未分化な状態をいう。「男性／女性／トゥースピリット」は、社会的・文化的な「ジェンダー」の区分になる。男性

性自認

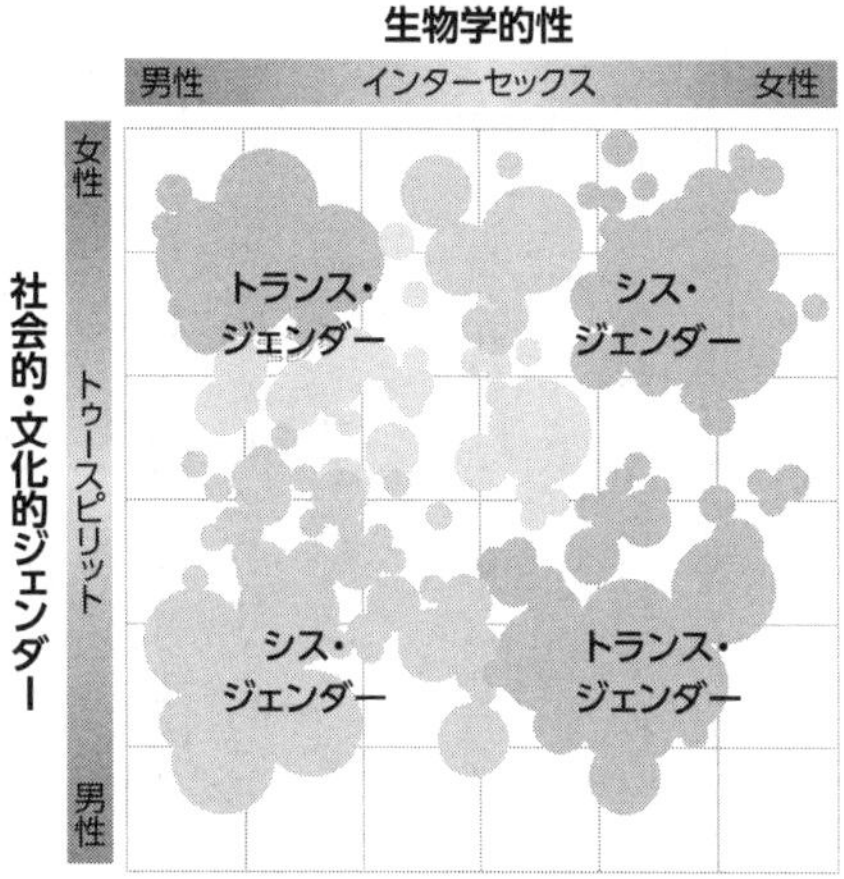

性指向

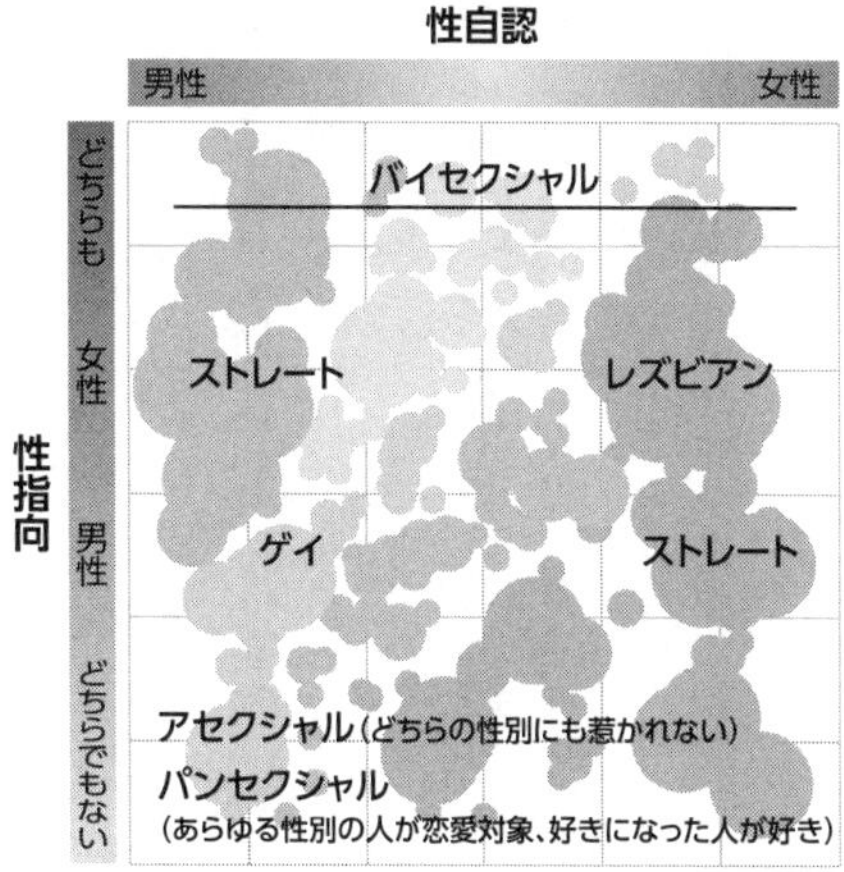

出典：Unwriting Gender Dichotomy
https://vocal.media/fyi/unwriting-gender-dichotomy

にも女性にも区分されない性別をトゥースピリットと総称する。

そして、「生物学的に男性であって社会的にも男性である」または「生物学的に女性であって社会的にも女性である」ことが「シス・ジェンダー」とされる。他方、「生物学的に女性に属しながら社会的に男性になる」ことは「F（Female）to M（Male）」、逆に、「生物学的に男性でありつつ社会的に女性になる」ことは「M to F」とされ、いずれもトランス・ジェンダーに属する。〝シス〟とは同じ側のままを指し、〝トランス〟とは逆側を指すのだ。

それから「性指向」も、やはり「性自認」と「性指向」の2軸となる。「性自認」についてはすでに述べたとおり。「性指向」は、性的な対象の向かう先で「男性／女性／どちらも／どちらでもない」に分類される。

性自認が女性で男性が性愛の対象、または、性自認が男性で女性が性愛の対象、この両者を〝ストレート〟という。一方、性自認が男性で性指向が男性であれば〝ゲイ〟、性自認が女性で性指向が女性であれば〝レズビアン〟となる。そして、性自認にかかわらず、潜在的に男性も女性も性愛の対象となりうる場合には〝バイセクシャル〟、逆に、男性も女性も性愛の対象とはならない場合には〝アセクシャル〟とされる。

男と女、セクシャリティの解体

さて、性自認と性指向、セックスとジェンダーを理解したうえで、宇多田ヒカルさんの〝ノンバイナリー〟発言に戻ろう。この〝ノンバイナリー〟とは、自らの「性自認」に関するものである。したがって、先ほどの「男が好きか？　女が好きか？」という「性指向」に結びつける質問は、的外れ以外のなにものでもない。

では、〝ノンバイナリー〟が性自認に関するものだとして、具体的にはどういうことなのだろう？

ノンバイナリーというのは、〝バイジェンダー〟〝アジェンダー〟〝ジェンダー・フルイド〟に大きく分けられるようだ。

〝バイジェンダー〟は、男性と女性の両方が自らの中に存在することを指す。男性、女性、それ以外の３つ以上の性別を持っているトリジェンダーということもありうる。バイジェンダーの人は、今日は男性、明日は女性と、複数の性別の間を行ったり来たりする場合もあれば、複数の性別が常に同時並行的に存在することもあるという。

〝アジェンダー〟は、逆に、男性も女性もいずれの性別も存在しないことを指す。近年、マッチョでもフェミニンでもないジェンダーレスと呼ばれる人は著名人にも増えている。

〝ジェンダー・フルイド〟は、私の理解によれば、こういうものすべてに囚われたくない人々である。そもそも、**この世を男性と女性に分けたくない。そして、男性にも女性にも、その他いかなる分類にも所属することを拒否**する。そういう形で自らの個性を主張することが、今はできる時代だ。

さて、先ほど宇多田ヒカルさんが「男が好きか？　女が好きか？」を尋ねた記者は、続けて問うた。

「男性、女性、生まれながらの性別を受け入れるべきだとは思いませんか？」

この問いが不適切であることはお分かりになるだろう。生物学的なセックスと社会的なジェンダーは異なる２つの軸である。女性というセックスに生まれながら、社会的には男性というジェンダーを自認していることは、矛盾しない。

だが、次の記者の質問にはやや悩んだ。

「宇多田さんの影響で、若い男女が安易にノンバイナリーと言い出すことに懸念はありませんか？」

いいたいことは理解できる。１９６０年代のアメリカでは、ゲイであると親に告白すれば、ときにそのまま家から追い出された。今でも、ホームレスとして都会のストリートに生きる子どもたちの中には、性指向を理由に家を追い出されている事例もある。この日本でも同性愛者たちの自殺率は高い。つまり、性指向は非常にシリアスな問題だったはずだ。

〝ノンバイナリー〟という宇多田ヒカルさんの告白はもちろんシリアスなのだろう。だが同時に、他者とは異なる自己の個性を、ジェンダーのカミングアウトに合わせて主張する意図も感じる。

さらにいえば、ジェンダーのみならず、セックスという概念すらバラバラに解体してみせたバトラーですら、「クローゼットで服を取り換えるように、ジェンダーを着替えることができる」とはいわなかった。ジェンダーという構築物はそれほどまでに社会に深々と根を下ろし、それゆえに多くのフェミニストが深刻な悩みに向き合った。その社会の構築物から自分だけは自由だというのはある種の特権意識に見えなくもない。

だが、**セクシャリティの告白を深刻なものにしてきたのは、個人ではなく社会ではないか**。もしこれからの社会が、その告白の深刻さを薄めていくならば、それはすべての人が自分の居場所を作り出せる環境へと変わったことを意味するのかもしれない。

「生理がある人々」とJ・K・ローリング炎上騒動

ボーヴォワールが、セックスからジェンダーを分解したところから第二波がはじまった。ところが、バトラーはジェンダーという器が先に作られて、そこに当てはまるようにセックス概念が構築されたと喝破した。「男らしさ」「女らしさ」という規範が先に存在し、本来は二元的ではないセックスが、それに当てはまるように男性と女性という二極に分けられている。ただし、このジェンダー概念は、社会にあまりに深く組み込まれているがゆえに、私たちはジェンダーのない世界の想像すら、困難になっているという。だが、**ノンバイナリーを含めて、確実に細分化されつつあるジェンダーやセックスの紐帯《ちゅうたい》は、新たな分断や困難を私たちに突きつける。**

J・K・ローリングは、あのハリー・ポッターを世に送り出した、今世界で最も売れている作家の１人である。そんな彼女が炎上したのは、とあるツイートがきっかけだった。２０２０年６月、「生理がある人々」への平等というタイトルの記事を、ローリングはリツイートしている。

「女性の貧困」の名のもとに、生理用品を買えない現状が問題として取り上げられることが日本でもある。ただ、性自認の多様性へのセンシティビティが極端に高くなっている欧米では、女性と生理の問題をイコールで結ぶのは困難だろう。

　生まれたときの性別を男性に分類されながら、自らの割り振られた性別に違和を覚えて女性へと変更したトランス女性が存在する。このM to F（Male to Female）のトランス女性は、「女性」でありながら生理がないのかもしれない。逆に、女性から男性に変更したF to M（Female to Male）のトランス男性は、もちろんホルモン値によって異なるだろうが、もしかしたら、「男性」であっても生理から解き放たれていないかもしれない。

　だから、２０２０年5月、ディヴェックス社のオピニオンは、女性と生理を結びつけずに「生理がある人々」という表現を用いた。このポリティカル・コレクトな表現について、ローリングは「昔は〝女性〟っていう属性が存在したけどね」という趣旨で、ツイッターで皮肉ったのだ。

　そして、このツイートが〝トランスフォビア（トランス・ジェンダーへの否定、嫌悪）〟と見なされ、ローリング自身の注目度も相まって盛大に炎上したのだ。ハリー・ポッターを演じてきたダニエル・ラドクリフも「トランス・ジェンダー女性は女性である」とブログに書き記して彼女と自分自身を切り離さざるをえないほどの問題になったのだ。

「男性」「女性」という二極から、グラデーション化し、多様化する性自認、性指向は、マイノリティの中の少数者という新たな分断を生んでいる。

特に、**トランス女性については、このグループを包含しようとするフェミニズムと排斥しようとするフェミニズムとの間で、激しい衝突がある。**かつてほど無造作に「女性の連帯」を訴えられない今、確かに虐げられている者たちが存在し、ますます不均衡が露《あら》わになるこの社会で、私たちは複雑になり続ける問題との格闘を迫られる。

第四波――
カジュアルに、ネットで、誰とでも

「男も女もみんなフェミニストでなきゃ」

２０１０年代の終わりからインターネットの波に乗ったフェミニズムが第四波とされる。この中からフェミニズムをごくカジュアルに議論する動きが生まれる。

ジャーナリストのキャトリン・モラン（１９７５〜　）が２０１１年に出版した回想録『女になる方法――ロックンロールな13歳のフェミニスト成長記』（邦訳、青土社、２０１８年）は、21世紀の女性たちが今の生活を享受できるのはフェミニズムによる闘いの成果だと主張する。フェミニズムがなければ、女性たちは銀行口座の開設も、読書すらできなかっただろう。多くの場合、難解になりがちなフェミニズムの主張を、ごく常識的な考え方として語るこの本は、一部の先鋭的な女性たちのアグレッシブな主張から多くのふつうの人々へと拡大していく力を持った。特に、モランの語り口は、ユーモラスで共感を呼ぶものだった。

　こうして、フェミニズムをカジュアル化する動きは、誰もがその名を知るスーパースターに担われて広がっている。

　現在、最もホットなフェミニストの1人にエマ・ワトソンがいる。ハリー・ポッターというシリーズ化された映画の中で、彼女は幼い少女から大人の女性へと歩んでいった。彼

キャトリン・モラン
（1975〜　）
Caitlin Moran

イギリスのジャーナリスト。タイムズ紙のコラムニストであり、テレビの音楽番組の司会者としてのキャリアもある。ブリティッシュ・プレス賞のコラムニスト賞を受賞（2010）するなど、執筆や発言への注目度は高い。フェミニストとしての自伝的要素が反映された『女になる方法』はベストセラーになった。

女の成長に寄り添い続けた、この作品の世界中のファンたちは、憧憬と同時に親近の情を抱いているだろう。そんな彼女は、２０１４年、「ＵＮウィメン」の親善大使の活動の一環として、HeForSheキャンペーンを立ち上げた。女性への暴力を防止するために、男性を巻き込むことを目的とする運動において、ワトソンは、フェミニズムは男性嫌悪ではないと強調する。フェミニズムは、女性の問題ではなく、人権の問題であり、男性もまた当事者だという主張だ。

　現代のカジュアル化されたフェミニズムを担う、もう1人の有名人は、ミシェル・オバマであろう。２０１４年に、ナイジェリア北東部で大勢の女子生徒が「ボコ・ハラム」というテロリスト集団に拉致された。そのとき、彼女は#BringBackOurGirls運動への支持を表明したのだ。これは、世界中の女子教育の推進に向けたオバマの活動の延長線上にある。

　このように、#（ハッシュタグ）運動に代表されるツイッターなどのＳＮＳメディアを通して、**男性を排除せずに、むしろ当事者として包含するフェミニズムの動きが生まれる。**フェミニズムはもはや女性の問題ではなく、より普遍的な人権の問題だという考え方だ。

そして、この新しいフェミニズムは**エマ・ワトソンやミシェル・オバマのような、誰もが**

知り、多くが憧れるセレブリティによって担われた点も重要である。それまで、大衆とはかけ離れた先鋭的な集団と思われていたフェミニストについて、自分自身もその1人だと抵抗なく名乗れる雰囲気が生まれてくる。

ナイジェリア人のチママンダ・ンゴズィ・アディーチェは、このような流れの中心に位置する。２００３年にナイジェリアの暴力的かつ家父長的な家族の中で成長する少女の物語『パープル・ハイビスカス』（邦訳、河出書房新社、２０２２年）でデビューした彼女を、一躍有名にしたのは、２０１２年のＴＥＤトークだった。

「男も女もみんなフェミニストじゃなきゃ」と題した彼女のプレゼンテーションは、男友達からテロリストと名指しされるのと同じ口調でフェミニストと呼ばれた出来事を語りながらも、ナイジェリア男性を糾弾するでもなく、ナイジェリア女性の解放を訴えるでもなく、ただ、ナイジェリア、そしてもっと広い世界の変化を訴えた。

アディーチェは、女児のうちから、男児との間で適切なふるまいの判断基準が異なるという、自身の属するナイジェリアの実情を指摘する。少女のうちから男性の自尊心を満たすために、自らを抑制する女性たちについて語りながら、アディーチェは、男性の存在そのものでなく、男性がこの事実を認識していないことを問題として提起する。そして、男性もフェミニストになれるし、なるべきだとして、**自分の潜在能力を発揮するために、ジェンダーの固定観念からの解放が双方の性にとって重要だと主張**する。その方法の1つとして子どもの育て方を変えて、次の世代を担う子どもたちがジェンダーについてもっと公平な見方ができるようにすべきだと提唱するのだ。

彼女は、このアイディアを、２０１７年の著書『イジェアウェレへ――フェミニスト宣言、15の提案』（邦訳、河出書房新社、２０１９年）に、娘を育てるための男女を区別しない教育法という15の提案としてまとめている。

ビヨンセは、『ビヨンセ』というアルバムの「Flawless」という曲にアディーチェの言葉を入れ込んだ。ディオールは、このスローガンをプリントしたTシャツを作った。スウェーデン政府は、彼女のプレゼンテーションをもとに出版された『男も女もみんなフェミニストでなきゃ』を、16歳以下の子ども全員に配っている。こうして、**アディーチェのフェミニズムは、今までフェミニズムが届かなかった層に浸透しはじめている。すべての人が知るべき、基本的な教養**というわけだ。

ところで、こうしてすべての人に受け入れられやすくなったフェミニズムは、圧倒的にライトになった。フェミニズムの軽量化に対する批判ももちろん存在する。フェミニズム常識論は、フェミニズムが持っていた革命に向けた情熱を失っている。アメリカ出身のフェミニスト作家ジェッサ・クリスピンは、２０１７年の著書『なぜ私はフェミニストではないのか――あるフェミニストの宣言』の中で、男性中心的な文化を受容したうえで、スローガンを唱えるだけの「ライフスタイル・フェミニズム」を「魂が抜けた」ものと手厳しく批判した。資本主義と家父長制というこの社会の支配システムを根本から変革しようと訴え続けてきたフェミニズムが、現状のシステムを認める方向にシフトするならば、彼女にとってそれはもはやフェミニズムと呼ぶに値しないのだろう。

経営者サンドバーグが語る「トリクルダウン・フェミニズム」

そして、このライフスタイル・フェミニズムの企業版が、『LEAN IN――女性、仕事、リーダーへの意欲』（邦訳、日本経済新聞出版社、２０１３年）の中でのシェリル・サンドバーグ（１９６９～）の主張である。Google のヴァイス・プレジデントを経て、２００８年に最高執行責任者（COO）として Facebook に迎え入れられた彼女は、２０１２年には同社初の女性役員となる。世界で最も有名な女性経営者といっても過言ではないだろう。

その彼女が、２０１３年に出版した『LEAN IN』は世界的なベストセラーになる。こ

シェリル・サンドバーグ
（1969〜　）
Sheryl Kara Sandberg
アメリカのIT業界の経営者。慈善家。『TIME』誌の世界で最も有力な100人「Time 100」にも選ばれた（2012）。女性がリーダーの地位に就くこと、仕事や家庭での様々な障壁を打破することを推奨する『LEAN IN』（2013、邦訳も2013）は、世界的ベストセラーになった。

の本の中で彼女は、成功した女性たちが後に続く者たちのために多くを要求すべきだと訴える。例えば、Googleの経営幹部だったとき、妊娠して臨月間近の彼女は、妊婦用の駐車場が同社にも必要だと主張した。そして、この妊婦用の駐車場は彼女がGoogleを退社した後にも残って、妊婦となった他の女性社員に新しいベネフィットを提示していると、彼女は語るのだ。

そこから、導き出される結論として、**力ある立場の女性たちが自らと下の地位の女性たちのために多くの主張をすれば、滴り落ちるように社会の様々な階層にフェミニズムの成果が広がっていく。**つまり、**「トリクルダウン・フェミニズム」という概念**が生まれる。

チェルシー・クリントンやオプラ・ウィンフリーといった彼女と同様にパワーのある女性

たちが、この本を支持している。

そして、「トリクルダウン・フェミニズム」への批判もまた存在する。この本で語られるフェミニズムは、極めて個人主義的である。出世の階段（彼女がいうところのジャングルジム）を駆け上がりつつあった時期、サンドバーグは、夕方に子どもたちとの時間を過ごした後に、ノートパソコンに駆け戻り、また、電話会議中にトイレの個室で人知れず搾乳する。そうした個人の類まれな努力によって、仕事でも家庭でも多くを達成したという彼女の物語は、そうできない女性たちにそれは自己責任という刃《やいば》を突きつけかねない。

さらにいえば、ライフスタイル・フェミニズムと同じように、資本主義という権力システムを受け入れている点も批判の対象となる。彼女の唱えるフェミニズムは、この世の根本に確かにある構造的な搾取のシステムを変更しようとはしない。ただ、目先を変えるだけである。そして、だからこそ、既存の権力サークルの上位層を引きずりおろすのでなく、むしろ温存する発想だという批判である。

2017年、#MeToo運動の巨大隕石

だが、ハッシュタグ運動は、このような穏健なフェミニズムのキャンペーン土壌となっ

ただけではない。ラディカル・フェミニズムへの回帰を示唆するような、より攻撃的なうねりも生まれる。

SNSを中心とした現代のフェミニズム運動の集大成は、2017年の #MeToo 運動であろう。2017年10月、ハリウッドの大物プロデューサーであるハーヴェイ・ワインスタインの長年にわたるセクシャル・ハラスメントに対する女優たちの告発を掲載したニューヨーク・タイムズ紙の記事は衝撃をもって迎えられた。30年間にわたり、複数の都市にまたがる強制わいせつ行為が取り上げられ、ワインスタインが訴えを起こした女性に口止め料を支払ったことも報じられた。

ワインスタインのセクシャル・ハラスメントは、ハリウッドにおいては公然の秘密だった。それなのに、複数の女性たちが自らのキャリアへの傷を恐れて、大物実力者を正面切って告発してこなかったのだ。このニューヨーク・タイムズ紙の記事によって、沈黙の時代は唐突に終わり、ワインスタインは自身が経営する会社から解雇されるのみならず、レイプと性的暴行容疑で禁錮23年の刑を言い渡されている。

このニューヨーク・タイムズ紙の特集から10日後、**女優のアリッサ・ミラノが、セクシャル・ハラスメントや性暴力を受けた女性たちに向かって“Me Too”とリプライしてほし**

いとツイッターで呼びかける。数時間のうちに“Me Too”というリプライは数千件に達した。とある女性が #MeToo というハッシュタグによって自らのレイプ経験を投稿すると、数百万人が #MeToo の経験をツイッター上に投稿したのだ。こうしてセクシャル・ハラスメントやそれを超える性加害の存在がソーシャル・メディアによって顕在化する。

それに伴い、恐怖や羞恥から語ること自体が憚られていたこれらの経験を、それぞれが堰《せき》を切ったように語りだした。ソーシャル・メディアの空間には、それぞれのストーリーがあふれかえっていく。

それまでタブー視されていた分だけ、解放されたエネルギーはすさまじかった。#MeToo は瞬く間に広がる。まずは、**女性への性暴力のみならず、一部の男性やトランス・ジェンダーの人々も被害を口にするようになる**。例えば、俳優のケヴィン・スペイシーは、若い男性からの告発を受けている。

また、**企業内のセクシャル・ハラスメントを告発する土壌にもなった**。２０１７年12月にフィナンシャル・タイムズ紙がセクシャル・ハラスメント告発件数における「ワインスタイン効果」を検証している。

２０１７年を振り返ってみれば、2月にエンジニアのスーザン・ファウラーがカリフォルニアのウーバー社でのセクシャル・ハラスメントをブログで告発している。これは有名なケースではあるが、同紙によると2月の告発はこのたった1件で、後に続く者はいなかった。そして、4月にはメディア企業で1件、7月にはテクノロジー企業で2件、数週間後にもう1件に過ぎなかった。

ところが、ワインスタインに対する告発以降、同紙の調査によれば、政治、金融、メディア、音楽、テクノロジーやエンターテインメントに至るまで多岐にわたる業界の大物実力者が、性的違法行為で告発されたという。その件数は、なんと英米両国でわずか2か月程度の期間に40件にのぼる。つまり、２０１７年のそれまでの低調な状態から、大幅に増えたのだ。さらにいえば、業界で名の知られた人物であっても、多くはその職を失ったという。

さらに、#MeToo運動は世界へと広がっていく。1か月も経たないうちに、ツイッターの#MeToo運動は85か国で１７０万回もシェアされた。そして、イタリア、スペイン、フランス、サウジアラビアとそれぞれの国や地域の言葉でハッシュタグ運動が展開されていく。

実は、この“Me Too”は、２０１７年にはじまった運動ではない。２００６年、アラバマ州の「ジャスト・ビー」という青少年団体で働いていた**アフリカ系アメリカ人のタラナ・バークは、性暴力を受けた若者たちのためのワークショップを開催**した。そして、性暴力の被害者に、助けが必要だけど、直接それを求めるのが難しいと感じたら、ワークシ**ートにただ“Me Too”とだけ書くように促した。**そうしたところ、出席した30名の少女たちのうち、20名近くが“Me Too”と記載したのだ。これがMeToo運動のはじまりとなる。

もともとは**有色人種の若い女性たちに、あなたは一人ではないと寄り添う気持ちではじまった#MeToo運動は、有色人種や若い女性といった枠組みを超えて広がっている。**バーク自身は、これが２０１７年にメディアによって突然現れた運動ではなく、２００６年

カリフォルニア州で開催された、Take Back the Workplace Marchと、#MeTooサバイバーマーチ&ラリーに参加するタラナ・バーク(中央)ら(2017年11月12日)。「Me Too」のスローガンは、性暴力被害者のための活動をしていたバークが2006年に使いはじめたもの。10年以上経ち、同じスローガンがあるのに気づかず、女優のアリッサ・ミラノがツイッターに投稿、ハッシュタグがついて国際的な広がりとなった。

以降の蓄積の上にあることを主張しながら、オリジンを大きく超えつつある運動や論争からは距離を取っている。

セックスとジェンダーが切り離された第二波。セックスとジェンダーが細分化された第三波。そしてインターネットの波に乗った第四波。「大きな物語」はもう誰にも求められず、それぞれの集団や階層に向けての小さなメッセージだけが説得力を持つかに見えたこの第三波を経て、大きなうねりとなる #MeToo 運動が、フェミニズム全体に何をもたらすのか。その先の未来を私たちはこれから目撃することになるだろう。

第七章 日本のフェミニズム

——欧米に影響されつつ独自の発展

母性の称揚

欧米フェミニズムとの大きな違い

日本のフェミニズムの特徴を1つあげるならば、それは母性への強いこだわりだろう。**わが国のフェミニズム論争は、常に、母性を中核として展開されてきた。**

カルチュラル・フェミニズムなどの例外を除き、アメリカのフェミニズムにおいて、〝女性性〟というのは、概ねネガティブに捉えられてきたといっても差し支えないだろう。例えば、“Run Like a Girl” (1427) Always #LikeAGirl - YouTube というキャンペーンがある。ティーンエイジャーの少女たちに「女の子らしく走って」という。そして、彼女たちの具体的な反応を映したものだ。詳しくはぜひご覧いただければと思うのだが、「女の子らしく」といわれた少女たちは身体をくねらせ、足をばたつかせて、腕を前後ではなく左右に振る走り方を披露する。全然、速そうではない。このキャンペーンのテーマは「女の子らしく」という刷りこみが、実は、自分自身をダウングレードしているという実態だ。

そこで「女らしさ」は克服すべき障害となる。男も女も生まれながらに強いはずなのに、女の子だけが教育の過程で自信を失っていく。だから「女性性」から解放された女たちというのは、端的にいえば男に近づくのだ。批判を恐れずに極言すれば、女も「男になれ」というのが、ごくごく単純にした特にアメリカのメインストリームにあるフェミニズムの骨子にも思える。

そして、男になれ、というこの考え方は、前章で紹介したトリクルダウン・フェミニズムと整合的だ。つまり、男性と女性は根本的に同じで、女性も男性のようになれるはずだと信じるアメリカのフェミニズムは、男になれる層を家庭から市場へと押し出していくのだ。そういう社会の上位層が男に変身することで、下位層にも滴り落ちるようにそのベネフィットが浸透していくと考えるのである。

一方、**日本では「女性性」、なかでも特に「母性」は、すばらしいものとして持ち上げられてきた**。私の場合、中学校のときの合唱コンクールの課題曲は「大地讃頌《だいちさんしょう》」だった。

♪母なる大地の　ふところに　われら人の子の　喜びはある

一度はお聞きになったことがあるのではないだろうか。後半部分では、ひたすらに「母なる大地」を崇めたてまつる。もう文字通り「讃《たた》えよ　褒めよ」なのだからわかりやすい。

中学校唱歌として、大いなる自然と母性を結びつけて畏敬の念を歌声に込めてきた私たちは、「男になれ」といわれたところでなんだか腑《ふ》に落ちない。

与謝野晶子VS.平塚らいてう「母性保護論争」

大正時代に、**女も「男になれ」と、ただ一人で叫んだのは与謝野晶子《よさのあきこ》（１８７８〜１９４２）**である。そのまんまというわけではないが、これに近いことをいっている。そして日本最初のフェミニズム論争として知られるのは、１９１０年代、与謝野晶子と平塚らいてう（らいてう）（１８８６〜１９７１）との間に起こった「母性保護論争」（１９１８、１９１９）である。

与謝野晶子は和菓子商「駿河屋《するがや》」に生まれる。老舗ではあったが晶子が育った時代に家業は傾きかけていた。それでも、兄の影響で尾崎紅葉《おざきこうよう》、幸田露伴《こうだろはん》や樋口一葉《ひぐちいちよう》の小説を読むようになり、20歳の頃から店番をしながら和歌を投稿しはじめる。その創作活動の過程で出会った与謝野鉄幹《てっかん》と不倫関係に陥り、家を出て東京に移り住み、最初の歌集『みだれ髪』（１９０１）で女性の官能をおおらかに歌い上げて、浪漫派の歌人としての地位を確固たるものにしたのはよく知られる。晶子は、鉄幹との間に生まれて2日で早世した子どもを含めて12人の子をなした。

こんなに子だくさんなのに、夫の鉄幹は稼がない。鉄幹が創刊した『明星《みょうじょう》』が好調だった頃はよかった。担い手となった若者たちが離脱して廃刊となった後は、失意のためか創作活動も不振となる。鉄幹が慶応大学文学部に教授としての職を得るまでの間、子だくさん家計を支える大黒柱としての責任は、晶子の双肩のみにかかる。

一方、**平塚らいてうは、大正から昭和にかけて、婦人参政権を含む女性の権利の獲得に奔走した活動家**として知られる。明治政府の高級官吏を父に持つらいてうは、裕福な家庭で、漢文や英語に触れながら育つ。デートで心中未遂事件を起こし、好奇の目で書き立てられたショックを契機に、抑圧された女性の自我の解放に関心をいだくようになる。

そして、**25歳という若さで「元始女性は太陽であった」という有名な一文で知られる月**

与謝野晶子
（1878〜1942）
歌人、作家。女性の官能を謳う『みだれ髪』、『明星』に発表した「君死にたまふことなかれ」など情熱の歌人として知られ、批評分野では、女性解放や女性の自立、数々の社会問題に斬り込んだ。

平塚らいてう
（1886〜1971）
思想家、女性解放運動家。25歳で起ち上げた、女性の為の文芸誌『青鞜』では、女性の自立や貞操、堕胎問題も取り上げた。婦人参政権の獲得にも奔走、戦後は反戦・平和運動にも参加した。

刊誌『青鞜《せいとう》』（1911）を創刊する。ただ、資金は裕福ならいてうの母が出していた。画家志望とはいいながらそんなに画は描かない奥村博史という事実婚相手からも明らかなように、奥村とらいてうの家計を支えたのは、裕福ならいてうの親からの援助であったといわれる。とにかく、働かざるをえなかった晶子と比べると、ある種の高等遊民である。

この『青鞜』に金子《かねこ》筑水《ちくすい》（1870〜1937）がスウェーデンの著作家エレン・ケイ（1849〜1926）を紹介すると、らいてうはその思想に傾倒していく。

エレン・ケイの影響を受けたらいてう、反論した晶子

リベラリズムの信奉者からソーシャリストへと転向したケイは、社会における「母性」の重要性を訴える。そして、**母性が重要であるがゆえに、子どもの養育という母の仕事に対して、家計ではなく、むしろ政府が支給を行うべきという論を展開する。この母性保護が晶子とらいてうとの間の論争の主題**となったのだ。

『青鞜』の創刊号に「山の動く日きたる」で有名な「そぞろごと」という詩を寄稿した晶子は、当初、らいてうとは協働関係にあるようにも見えた。この80年ほど後、1989年の参議院議員選挙での社会党の大勝利を「山が動いてきた」と表現した土井たか子氏は、

晶子のこの詩を踏まえている。実際、らいてうは夫を追ってパリに行く晶子を見送ってもいるが、しかしながら、この二人は、その後、距離を置くことになる。

ケイの影響によって、女性の生活の中核に母性を見出すこの見解に抗議した晶子は『太陽』という雑誌に「母性偏重を排す」という文章を寄稿する。この文章の中で、晶子は、自分自身が母であると同時に、男の妻であり、人の友であり、人類の一人であり、日本臣民であり、思索し、歌い、原稿を書き、衣と食を工夫するという多義的な存在であり、母の側面はその1つに過ぎないと主張する。

「人間の万事は男も女も人間として平等に履行することが出来る」という晶子の主張は、男女の差異を極小化するものである。確かに、男女の間には妊娠・出産という生理的な差異がある。ただし、これは遺伝、境遇や教育による人間の差異の1つの形態に過ぎず、教育その他の要素によって克服可能なものだと、晶子は考えていた。そして、晶子は、父や母たることではなく、まさにこの境遇を改善しようという努力をこそ、人間の本質と見なした。**晶子は、今でいうところの新自由主義的であり、自助努力の有無による格差を肯定していた。**だからこそ、晶子は、その努力によって、男性も女性も経済的かつ精神的な自立を手にすることができると考えたのだ。

「私は欧米の婦人運動に由《よ》って唱へられる、妊娠分娩等の時期にある婦人が国家に向つて経済上の特殊な保護を要求しようと云《い》ふ主張に賛成しかねます」（「女子の徹底した独立」『婦人公論』1918年3月）という晶子にとって、経済的に男性に依存することが隷属ならば、国家に依存することもまた「国家の妾《めかけ》」たる従属である。したがって、晶子は、「母の職能を尽くし得ない貧困者」は国家による保護を受けるべきだが、それ以外の場合には自ら蓄えた貯蓄で妊娠や出産を乗り切ることができると考えていた。

つまり、子だくさんでありながら、がむしゃらな仕事人としての矜持を持っていた彼女は、母性を強調されることに耐えられず、**「母である前に、私は人間である」と主張**したのだ。そして、女も男も同じように努力して経済的に自立するのがいいといった。さらにいえば、努力している人と怠惰な人との間に格差がつくのは構わないとまでも述べる。女性も男性も平等に競争して勝ち残った者が格差上位に立つ——なんとも、アメリカ人好みの発想である。

ところが、これに猛然と抗議したのがらいてうだったのだ。

「子は国家のもの。育てる母親に報酬を」——らいてうの優勢

らいてうは、女性が置かれた労働環境の実情を無視した非現実的な主張であると、晶子を批判した。これは、当時の紡績工場の女工労働を見学したらいてうの実感に基づくものといえる。

確かに、当時は労働環境が劣悪だった。その現状を前に、労働環境の改善を唱えた晶子に対して、らいてうは女性を労働から遠ざける道を選択した。だからといって、男性に養われるという「屈辱」は避けなければならない。「よき母とならうと思へばよき職業婦人となり得ず、よき職業婦人とならうと思へばよき母となり得ないといふ苦しいヂレンマ」（「母性保護問題に就いて再び与謝野晶子氏に寄す」『婦人公論』1918年8月）を解決するのは、**母親業を職業と見なして、軍人や官僚同様に国家から報酬を支給する**というケイの理論である。

こういう考え方をとったらいてうは、子を私有物にしていると、晶子の発想を批判する。らいてうにとって、子どもは国家のものである。なぜなら「子供の数や質は国家社会の進歩発展にその将来の運命に至大の関係あるものですから、子供を産み且つ育てるといふ母の仕事は、既に個人的な仕事ではなく、社会的な、国家的な仕事」（「母性保護問題に就いて再び与謝野晶子氏に寄す」『婦人公論』1918年8月）だからである。そして、それゆえに「国家は母がこの義務を尽くすといふ一事から考へても十分な報酬を与へることによって母を保護する責任があります」ということになる。

こうして**国家論にまで発展した母性保護論争に対して、晶子は、子どもを私有物と見なしているわけでも、国家のものと考えているわけでもなく、子どもは子ども自身のもの、一個の独立した人格と反論**している。

このように、日本の大正期において、既にリベラル・フェミニズムとカルチュラル・フェミニズムの対立にも似た論争があるのは興味深い。しかし、晶子の個人主義を受容するだけの土壌ができておらず、母性を国家に結びつけたらいてうも、日露戦争や太平洋戦争の時期には戦争に協力的な論調を唱えて後に批判されている。

ところで、２０１６年には「保育園落ちた日本死ね！！！」というブログが話題になった。これを契機として待機児童ゼロ政策は、驚くほど加速された。逆にいえば、この投稿はそれだけ多くの人の共感を呼んだのだ。そして、この言葉が違和感なく受け入れられる社会は、母に対する保護は国家的な問題という、らいてうの発想を共有しているのではないかと、私は思っている。

1970年代、リブ運動の花火

田中美津の痛烈パンチ「便所からの解放」

このように、母性をめぐって展開された日本のフェミニズムも、戦中戦後の空白の時代を経て、1970年代のリブ運動の時代に再び息を吹き返す。

世界的には、18世紀末から20世紀前半にかけて女性の参政権を求めた欧米の動きを第一波フェミニズムと位置づけつつ、1960年代後半から70年代初頭にかけての女性の主体性を求めるウーマン・リブ運動が第二波フェミニズムと呼ばれている。日本で安保闘争が起きた60年、アメリカではベトナム戦争に反対する反戦運動が起こっていた。こうして世界で同時多発的に起こった学生運動と並行して、表舞台で闘う男子学生を裏で世話する役割を任された女性たちは、そうした性的分業に抗議し、リブが産声をあげたのだ。

日本では、リブの象徴となった**田中美津（1943〜　）**が「男にとって女とは、母性のやさしさ＝母か、性欲処理機＝便所か、という2つのイメージに分かれる存在としてある。……男の〈母〉か、〈便所〉かという意識は、現実には結婚の対象か、遊びの対象か、

厚生省前で座り込み ウーマン・リブ旋風

1973年5月15日、「国は個人の出産に介入するな」と優生保護法改正案に反対し厚生省前に座り込んだウーマン・リブ運動家たちと排除する職員。60年代後半から米国に広まった女性解放運動は70年に日本に上陸。「性差別への告発」を掲げ旋風を巻き起こした。

という風にあらわれる。**……遊びの対象に見られようと結婚の対象に見られ選ばれようと、その根はひとつなのだ**」という文章を、**「便所からの解放」**というセンセーショナルな標題のもとで掲げた。

　この言葉からも、当時のリブ運動のラディカリズムが伝わってくる。優生保護法改正反対運動を中心的なテーマとしたリブ運動は、1972年のリブ大会を最後に分裂し、田中をリーダーとする「ぐるーぷ闘うおんな」の他に、リブ新宿センターを拠点とするグループも存在する。

突き抜けていた中ピ連「産む産まないは女性の権利」

リブ運動の中で、**異質な色を放ったのが「中絶禁止法に反対しピル解禁を要求する女性解放連合（中ピ連）」**である。この中ピ連は、ピンクのヘルメットをかぶり、家庭内暴力を振るう男性や不倫している男性の職場に集団で押し掛けて吊るし上げるという戦闘的なスタイルで、度々、メディアを賑わした。しかしながら、その過激なパフォーマンスは奇矯なものと捉えられ、現在に至るまでフェミニズムが「嘲笑」の対象となる遠因を作ったとの批判もある。

そして、「産む産まないは女性の権利」を掲げる**この中ピ連は、その名のとおり、中絶**

ピル解禁訴え医学会へ　中ピ連、押し掛ける

1975年4月6日、中ピ連（中絶禁止法に反対しピル解禁を要求する女性解放連合、榎美沙子代表）が京都市で開催中の日本医学会総会に押し掛け、ピル解禁を訴えた。「避妊をめぐる諸問題」分科会会場付近でビラを配った後、ピンクのヘルメット姿で旗を水平に構え突入、職員ともみ合った。

記者会見する榎代表　中ピ連が参院選出馬を宣言

記者会見する中ピ連の榎代表（中央）。榎代表は、「日本女性党を結成し参院選に臨む。そのための立候補者を公募する」と発表＝1977年3月30日、東京・高田馬場。

とピルの解禁を掲げていた。アメリカ同様に「産まない権利」を標榜《ひょうぼう》する女性団体が存在したことは確かである。だが、この中ピ連は、リブのグループのどことも連携していない、孤立した存在だったという証言もある。

　中ピ連が少数の例外に過ぎないとすれば、リブ運動のまさに中核を担った「ぐるーぷ闘うおんな」が吐露した「産みたい……でも産めない」という言葉こそ、当時の女たちの心の叫びの集合体に最も近かったのではないか。

　アメリカにおいて「リプロダクティブ・ライツ（性と生殖に関する権利、私の身体は私のもの）」は、「産む産まないは女性の権利」を標榜しながらも、その実質は「産まない権利」だった。だからこそ、中絶の権利をその中核として求め、女性自身が生殖をコントロールできるとピルを尊んだのだ。

　女も「男になれ」と説くアメリカのフェミニズムが、〝男性が生まれながらに「産む性」の重荷から解き放たれているのなら、女性にも「産まない権利」がある〟と迫ったのに対して、最もラディカルな日本のリブ運動ですら、中ピ連というわずかな例外を除けば、「リプロダクティブ・ライツ」を「産む権利」と捉えていた。このコントラストこそが日米のフェミニズムの本質的な相違ではないか。

１９８０年代のアグネス論争

大正時代再び!? 「母」「子」「仕事」論争

その後のフェミニズム論争として有名なのは、１９８０年代後半のアグネス論争であろう。１９８７年、当時12本のレギュラーと準レギュラーを抱えるアグネス・チャン氏は、第一子を出産後にテレビ局から「子連れでも構わない」と復帰を矢のように催促され、不安を抱えながらもテレビ局に子連れで出勤した。

これが報道されると、ブルースの女王・淡谷のり子氏は「芸人は夢を売る商売なのに、楽屋に子どもを連れて来たりすると芸が所帯じみてよくない」とコメント。コラムニストの中野翠氏も「アグネス・チャンがテレビ局の楽屋に赤ん坊を連れてきて育児をしているという記事を読んだとき、ハッキリいって、私は『喫茶店に子どもを連れてくる母親とたいして変わらない』と思った」と、不健康でも構わない喫茶店という大人の聖域に子どもが入り込む喩えでその甘えを突く。

だが、アグネス批判の急先鋒《きゅうせんぽう》となったのは作家の林真理子氏である。『週刊文春』のコラムの中で「彼女の言っていることは確かに正論ですが、非常にラクチンで責任のない正論です。口の悪い友人に言わせると、まさに『女子どもの正論』だそうです。こういう正論に対して、人はなすすべがありません。反論しようものなら、平和が嫌いで、子どもを大切にしない人で、国際交流に無頓着な人間というレッテルを貼られてしまうからです」(「今夜も思い出し笑い」『週刊文春』１９８７年７月)と切り捨てる。

一方のアグネスも、『中央公論』(１９８７年10月)に「アグネス・バッシングなんかに負けない」を載せて、自らの「正論」を訴えた。「たしかに平和な世界をつくることはむずかしく、人を愛することも簡単ではありません。でも心をこめてメッセージを送り続けていれば、きっと力になってくれる人たちがあらわれると私は信じています」という論調に、「いい加減にしてよアグネス」という、『文藝春秋』(１９８８年５月)の林の反論は、よくいえば舌鋒鋭く、悪くいえば極めて攻撃的だ。

「この類の人間に、おそらく何を言っても通じるはずはないのだ。……アグネス・チャンという人は、善意と愛を信じるやさしい女性なのであろう。世界中の人々はみんないい人たちばかりで、みんながコミュニケーションをきちんと持ちさえすれば、必ず平和はやってくるといろんなところで言っておられる。それはまさに新興宗教と同じだ」

「私は小説を書いているぐらいだから、人の心の裏をよむことに、たけているところがある。もし私が子どもを出産し、出版社や講演会に連れていったら、たいていの人がちやほやしてくれるに違いない。また連れてきてくださいね、と愛想のひとつも言うだろう。しかし私は、その表情から、全く別の感情をすばやく察することができる。……テレビや雑誌の仕事に従事する彼らが、本当に嬉々として和平ちゃんをあやしていたか、来てもらって心から喜んでいたかというのは、おおいに疑問の残るところだ」

林は、大人の複雑な世界において、建前の向こうに透けて見える本音を察し合わなくてはならないと考えているようだ。要は、**男も女もプロフェッショナルたる者は職場の流儀に倣い、甘えてはならないという林の「大人の流儀」、それは男社会の論理だった。だから、いいかえれば、女も「男になれ」。与謝野晶子同様に、林真理子もそういう信念を持っていたのだ。**

浅井美智子、「無垢で純粋な母性」を喝破

斬り込む林と黙り込むアグネス。この時点では、林に味方する人々も多かった。ところが、「働く母親の背後には子どもがいる」と上野千鶴子氏が、朝日新聞でアグネスを擁護

する論陣（1988年5月16日）を張ってから風向きが変わる。林の説くプロフェッショナリズムを「正論」とする上野は、しかしながら、その「正論」は男社会の職業倫理であり、男並みに働けないなら仕事を諦めろという形で女性を抑圧しうると主張したのだ。

結果、名だたる論客を巻き込んで論争は2年間も続いたのだ。ただ、上野がアグネス側から論じたのは、共感のみならず戦術ともいわれる。なにせ、文壇の実力者である林の説く大人の世界の掟《おきて》に対して、「子どもを連れていったことで、職場の雰囲気がなごやかになりました」というアグネスの反論には、幼い無邪気さが残っていた。これでは大人と子どもの喧嘩で終わると懸念した上野は、論議をより活性化させるために、劣勢に立たされたアグネスの挽回《ばんかい》を図ったとの推測だ。そう考えると、ここでのアグネスは、ある種、か弱さから来る可憐《かれん》や無垢《むく》、すなわち、女性性の象徴にも見えてくる。

だからこそ、このアグネス論争を、女性の自立を主張した与謝野晶子と母性こそ女性の本質とした平塚らいてうの論争になぞらえて、アグネスが「働く母親」の立場を代弁したと評するのは浅薄であろうと、私は思う。**ジェンダー研究の浅井美智子が喝破したとおり、ここでアグネスが体現したのは「働く母親」というよりはむしろ、「無垢で純粋な母性」そのものだったのではないか。**実際、アグネスは反論よりも、ただ、テレビカメラに長男と自分の密着映像を撮らせた。

「自分の手で子供を育てたい。母乳をあたえたい。そういう自然な気持から」子連れで職場復帰したと語るアグネスは、日本社会に深く根づく母性幻想の化身となる。そして、どれだけ鋭いペンを以《もっ》てしても聖母の慈愛には勝てないのが現実だ。「この類の人間に、おそらく何を言っても通じるはずはないのだ」と林が匙《さじ》を投げたのは、社会の共有する母性幻想を後光のように背負うアグネスを前にした諦念《ていねん》だろう。

　この母性神話は、平成になってもなお、姿を変え形を変えて常に立ち現れる。２０１３年、当時の安倍晋三首相は、育児休暇を３年間に延長する政策を「３年間抱っこし放題」のキャッチフレーズで打ち出そうとした。子どもは、少なくとも幼年期の子どもは、母と一緒にいるべきとの発想は、日本社会に今も深く根づく。

エコ・フェミ論争にも顔を出す母性

青木やよひ提唱「エコロジカル・フェミニズム」とは

最後に、フェミニズム内部の、よりアカデミックな色彩を帯びる論争としてエコ・フェミ論争を紹介したい。上野千鶴子氏と青木やよひ氏との間のエコ・フェミ論争も、母性をめぐる争いだったからだ。

１９７３年のオイルショック以降、フェミニズムはエコロジーにも関心を持ちつつ展開されていく。行き過ぎた産業化の負の側面としての環境問題を憂い、原子力発電を憂慮するエコロジーの動きは、家庭の中でも展開される。具体的には、添加物や農薬ばかりの食品を買わずに、ジャムでもなんでも手作りしましょう、有機野菜を栽培しましょう、土に還《かえ》りましょうという発想である。

ここから、手作りのものを求め、自然を求め、人との関係を求めるエコロジーの動きは、テクノロジーを批判して自らの身体へと立ち返ろうという主張につながっていくことがわかる。工場で作られ、添加物をふんだんにまぶされて、原形をとどめない加工品を口にするよりは、自分の手で耕した畑にたわわに実る野菜を食べたい。手の届く範囲、目で確認できるもの、足でまわった先——自分の身体性の限界を超えてどこまでも便利になる社会に別れを告げ、地に足の着いた生活を取り戻そうという動きである。

このエコロジー運動をフェミニズムと関連づけて理論化したのが、１９８３年に青木が提唱したエコロジカル・フェミニズムである。このエコロジカル・フェミニズムは、行き過ぎた産業化の責めを「男性原理」への偏重に負わせる一方で、自然への回帰を「女性原理」と結びつける。

語弊を恐れず単純化すれば、**この世を自然という「女性原理」と、文明という「男性原理」に二分する発想**である。太古の世界はまさに「母なる大地」のあの世界観だった。「母なる大地の　ふところに　われら人の子の　喜びはある」のだ。自然は、人間をくるみこむものとして、畏れられ、敬われている。自然への畏敬を失わずにいる「未開」社会では、「男性原理」と「女性原理」が均衡を保っていたという。ところが16世紀以降の産業革命によって、この均衡は大きく揺らぐ。近代化の中で経済の効率性を追求する「男性原理」が肥大化し、「女性原理」が失墜するというアンバランスな状況が生じているとの主張だ。

際限ないテクノロジーの進歩は、「大地を愛せよ　大地に生きる」という地に足の着いた生活を破壊した。「男性原理」が「女性原理」を押しのけて、この世にアンバランスが生じる。それが外に向けられた結果が環境破壊である。そして、それが内に向けられた結果が、女性的な感性よりも男性的な論理を能力として上に置き、女性を男性の下に位置づける発想である。したがって、産業による自然破壊も、男性による性差別も、産業化や近代化の波の中で自然が抑圧されているという構造は共通する。

だから、これを解決するためには女性原理を復権させ、人間一人一人の内なる女性性の回復を叫ぶことによってバランスをとらなければならない。そのためには、「内なる自然」としての身体性、とりわけ母性機能ゆえに自然により親和的であるという女の身体性を手がかりに、自然界のエコロジーとともに、身体のエコロジーを回復しなければならないという理論である。エコロジカル・フェミニズムは「大地讃頌」のコーラスのごとき厳かさで「人の子」に対して、再び、「その立つ土に感謝せよ」と、自然的な生活への回帰を説いた。

「母なる自然」に異を唱えた上野千鶴子

このエコロジカル・フェミニズムは、他のフェミニストから袋叩きにされた。その代表的な論者が、またしても上野であり、上野と青木との間にエコ・フェミ論争が繰り広げられた。**アグネス論争においては、無垢な母性を象徴するアグネス側に身を置いた上野だが、ここではエコロジカル・フェミニズムに内在する「母なる自然」に異を唱えた**のである。

１９７０年代の日本のリブ運動は、女性性を負の側面と見なしてそこからの解放を目指した。だが、このエコロジカル・フェミニズムは、女性性のプラスの側面に注目して、それを称揚することで社会を改変することを目指す。ただし、批判者の多くが指摘するとおり、母性幻想が深く根づく日本社会では、提唱者の意図にかかわらず、利用される危険は免れまい。「女性原理」というネーミング自体が〝女らしさ〟と結びつき、それはたちまちに母性へとつながる。そして、「男性原理」を市場と、「女性原理」を家庭と関連させ、男性にパブリック領域を担わせつつ、女性をプライベート領域に閉じ込める。**結局、母親は家庭で子どもを守るべしという、日本社会の本音を正当化する便利な道具に成りさがる。**

青木は、女性と男性を相対化しつつも、女は「産む性」というところは性差として残ると主張する。そして、こういう性差のすべてを撤廃することは、アイデンティティ・クライシスを加速することに他ならないとして、「差別のない区別」という差異ある平等を求める。

一方の上野は、女性が「産む性」であることを否定しないが、男性をも「産む性」に引き込むことによる差異の最小化を図る。**上野の主張は、男性も女性も等しく母となるべきであり、ケアに携わるべきであるというもの**だ。

このエコ・フェミ論争は、日本女性学研究会の手による「フェミニズムはどこへゆく

――女性原理とエコロジー」と題するシンポジウムで、講師となった青木とパネリストとして参加した上野との間の直接対決へと発展する。そして白熱した議論の結果、大方の予想に反して、両者の間にさほどの差がないことが明らかになったのだ。

これが日本のフェミニズムの大きな特徴だろう。母というくびきから解き放たれたいと願ったアメリカのリベラル・フェミニズムが、極端にいえば、男も女も男になれという方向に向かう一方、日本のフェミニズムは、母性を一定程度、称揚し、〝男も女も女になるべし〟という方向に進んでいく。

日本的フェミニズムの特徴

潜在的に肯定される「男女の差異」と「母性幻想」

厳密にいえば、日本でエコロジカル・フェミニズムを提唱したのは青木ただ一人だった。それにもかかわらず、家族社会学の落合恵美子氏は、そのシンポジウムの中で「エコロジカル・フェミニストと呼ばれる人たちにはもっといろいろいましてね、そういう人の中には『今のままの家族を守って、女の人は女性原理を体現して、矛盾した社会から帰ってくる男達を家庭の中で慰撫《いぶ》してあげてください』と言いそうな人達がいるんですよね」と、あたかもそれが複数の論客に共有された発想であるかのように扱った。これについて、女性学の江原由美子氏は、エコロジカル・フェミニズムを、日本のフェミニズムの潜在的な主流と捉え、それを理論化したのは青木ただ一人であったとしても、多かれ少なかれ運動の担い手たる女性たちに共有される直感と合致していると分析している。

つまるところ、日本の社会では母性幻想が語られぬ所与の前提となっている。アメリカのフェミニズムは、男性も女性も根本的には同じだと理解して、究極的には「男になれ」と主張する。だから、アメリカでいうところのリプロダクティブ・ライツは、「産む産まないは女性の権利」としながらも、その内実は「産まない権利」、つまり、中絶権を意味するのだ。あなたたち男性が産まずに生きていけるなら、私たち女性にも産まない権利があるはずだという主張は、「男になる権利」を主張しているようにも見える。

一方、日本において、男性と女性が根本的に異なるというエコロジカル・フェミニズムは、それを明確に主張する論者は少なかったにもかかわらず、社会に通底する発想として受け入れられた。そして、**「男になれ」の代わりに、女性性、なかでも母性を称揚し、「母であれ」という発想が、日本社会の根幹にあったとはいえまいか。日本のフェミニズムも、**

こういう土壌の影響を受ける。そう考えると、吹き荒れるリブの嵐の中でさえ、日本におけるリプロダクティブ・ライツが、少数の例外を除いて「産む権利」を意味してきたのは象徴的である。

男女を根本的に同じと考えて「男になれ」と促すか、男女を本質的に異なるものとして「母であれ」と称揚するか。この発想の違いは、フェミニズムが打倒すべき対象のずれにもつながる。

乗り越えるべき壁は、父の権威より母の慈愛か

アメリカのフェミニズムは、男としてこの社会に羽ばたくのを阻むのは、父の存在だと主張する。エディプス・コンプレックスとは、父殺しによって自我を確立するというフロイトが提唱した発達概念である。そして、アメリカのフェミニズムは、家父長制を攻撃し、父の権威から解放されることで自由を得ようとした。

ところが、**このフロイトの概念は日本の風土には必ずしも当てはまらない。私たちが一個の人間としてこの社会に立つとき、それを根本的に妨げるのは、父の権威よりもむしろ母の慈愛ではないか。**母たちの自己犠牲の上に私たちは存在する。その圧倒的な愛の量に

対する後ろめたさが、私たちを不自由にする。

父の暴力的な権力に反抗して、強制された道を進むことに異を唱える。

母が注いでくれた無償の愛を裏切って、この道なら安心できると遠慮がちに指し示された方向から外れる。

どちらがより困難か。どちらがより後ろめたいか。どちらが私たちをより傷つけるのだろうか。父殺しを権威へのチャレンジと位置づけたとしても、母殺しなるものを正当化するのは困難である。理屈の上でも、心情においてはなおさら。父の権威に対して、母の慈愛は、その柔らかさゆえに硬い剣によっても貫きえない強さがあった。

だからこそ、いまだに母性幻想から抜け出せない私たちの社会は、男も女も一個の人格を確立してはいないのだろう。**男もまた、いや男こそがすべてを肯定し、受け入れてくれる存在として「母」と自分を同一視する。このような社会で、女性の自立が真の意味で実現されることなどない。**こういう私たちの国の精神性の下では、西洋のフェミニズムはどこか浮いた思想となった。それだけなら、それはそれでよい。西洋が優れているわけでも、東洋が劣っているわけでもないのだから、母性幻想という暗黙の了解を社会で共有していけばいいのだ。

だが問題はその次だ。日本社会はその内側だけで完結しているわけではない。西洋は男女の同権を明確にする。さらにいえば、中華圏は、働き手という意味での男女の平等を、ある側面では西洋諸国よりもなお徹底して実現している。こういう国々は、女性を黒いベールの奥に閉じ込めるイスラム諸国を人権の観点から攻撃する。アフガニスタンを占領するタリバンを批判するための絶対正義は「女性の人権」なのだ。

そして、結論としては常にそれなりに穏当な方向を志向する日本社会も、とにかく、その過程の説明があまりに稚拙であるがために、国際社会で度々いわれなき誤解を受けている。海の向こうの視座をある種のバイアスだと不満の声をあげるのは自由だが、いまだに国際社会において西洋的な規範がスタンダードだというのは厳然たる事実である。結果、そのフレームワークに当てはめて展開された理論だけが理解の対象となる。だからこそ、日本の内側にも根づくフェミニズムを再び捉え直し、それを外側に説明するだけの力を、いまこそ持たねばならないのではないか。

あとがき

フェミニズムは波に喩えられてきた。

一時期において高くうねって多くの人を熱狂させる。だが、当初の目的を達成するか見失うかし、そしてときには戦争など時代の制約によって、潮が引くように勢いが衰えていく。その様は寄せては返す波に似る。そこには何かが変わるという高鳴る期待と、世界はそう簡単には変わらないという失望の繰り返しがあるのだ。そして、その熱量の満ち引きこそがフェミニズムに生命を吹きこんできたのだろう。

フェミニズムを波に喩えることへの批判もありうる。世界各地で様々な背景を抱えた人々が、ジェンダーやセクシャリティに関わる現状を変えよう、という熱意を行動に移した瞬間の集合体がフェミニズムであるなら、この集積の内部には様々な次元の相違が存在する。インドにはインドの、イスラム教にはイスラム教の、そしてアジアにはアジア固有のジェンダー不平等が存在するだろう。特に、１９９０年代以降は細分化が進んでいる。

トランス・ジェンダー女性にはトランス・ジェンダー女性の、レズビアン女性にはレズビアン女性の固有の主張があり、〝女性〟を一枚岩と捉えて、男性と対決させる従来のフェミニズムのがさつさを鋭く突きあげてもいる。

世界各地における、極めて多様な細部は、〝波〟というダイナミクスの中では、当然のことながら捨象されていく。フェミニズムをひとつのストーリーとして語るとき、それに矛盾する動きは周辺部へと押しやられ、結果として、西洋の白人によるフェミニズムがメインストリームとして過大代表される。

最近の世の中は雑駁《ざっぱく》なひとくくりを避けて細やかにその差異を認知する。これは現代のフェミニズムの重要なテーマのひとつでもあることは重々承知しながらも、それでもこの本ではフェミニズムの歴史を何度も寄せては引く波として捉えて全体像を記述するように努めた。すべての差異を細やかに認知して異なる分類を与えようとする最近の風潮が、フェミニズムの勢いを削《そ》いでいるのではないかという思いからだ。雑駁なひとくくりを避けるべきという主張は極めて正しい。だが、その正しさが、そしてほんの少しの間違いも許されないというその居心地の悪さを招き、かつてフェミニズムが持っていた潮の満ち引きにも似たダイナミズムを減じているのではないか。

したがって、その時代時代に存在したであろう迸る情熱を可能な限り想像したい、写し取りたいというのが、この本の一番の思いである。私の学んできた時代や地域の関係で、アメリカの潮流が色濃く表れ、さらに拾いきれなかった思想も数多くある。その限界や偏重を十分に承知しながらも、すべてを等価に辞典的に整理するよりも、衝突する葛藤から立ち昇る湯気を活写したい。

もちろん、それは辞典のように広く正しく書き記すことができない私自身の限界なのだけれど、でも同時に私は、そこから立ち上がる熱量にこそ、いま、フェミニズムという言葉に突きつけられている冷笑を溶かすだけの温度があると信じている。

参考文献

『アクティブラーニングで学ぶジェンダー 現代を生きるための12の実践』青野篤子編、ミネルヴァ書房、二〇一六年

『近代フェミニズムの誕生 メアリ・ウルストンクラフト』安達みち代著、世界思想社、二〇〇二年

『新編日本のフェミニズム5 母性』天野正子ほか編、岩波書店、二〇〇九年

『インドジェンダー研究ハンドブック』粟屋利江・井上貴子編、東京外国語大学出版会、二〇一八年

『家父長制と資本制 マルクス主義フェミニズムの地平』上野千鶴子著、岩波書店、一九九〇年

『差異の政治学』上野千鶴子著、岩波書店、二〇〇二年

『女ぎらい ニッポンのミソジニー』上野千鶴子著、紀伊國屋書店、二〇一〇年

『女たちのサバイバル作戦』上野千鶴子著、文春新書、二〇一三年

『女の子はどう生きるか 教えて、上野先生!』上野千鶴子著、岩波ジュニア新書、二〇二一年

『ザ・フェミニズム』上野千鶴子・小倉千加子著、ちくま文庫、二〇〇五年

『バックラッシュ! なぜジェンダーフリーは叩かれたのか?』上野千鶴子・宮台真司ほか著、双風舎、二〇〇六年

『自己決定権とジェンダー』江原由美子著、岩波書店、二〇〇二年

『フェミニズム論争 70年代から90年代へ』江原由美子編、勁草書房、一九九〇年

『フェミニズムの名著50』江原由美子・金井淑子編、平凡社、二〇〇二年
『20世紀アメリカン・システムとジェンダー秩序　政治社会学的考察』大嶽秀夫著、岩波書店、二〇一一年
『フェミニストたちの政治史　参政権、リブ、平等法』大嶽秀夫著、東京大学出版会、二〇一七年
『フェミニズムの政治学　ケアの倫理をグローバル社会へ』岡野八代著、みすず書房、二〇一二年
『ジェンダー化される身体』荻野美穂著、勁草書房、二〇〇二年
『フェミニズム・コレクションⅠ　制度と達成』加藤秀一・坂本佳鶴恵・瀬地山角編、勁草書房、一九九三年
『フェミニズム・コレクションⅡ　性・身体・母性』加藤秀一・坂本佳鶴恵・瀬地山角編、勁草書房、一九九三年
『ジェンダーと社会――男性史・軍隊・セクシュアリティ　一橋大学大学院社会学研究科先端課題研究叢書5』木本喜美子・貴堂嘉之編、旬報社、二〇一〇年
『同性愛の謎　なぜクラスに一人いるのか』竹内久美子著、文春新書、二〇一二年
『トランスジェンダー・フェミニズム』田中玲著、インパクト出版会、二〇〇六年
『現代家族法講座第1巻　個人、国家と家族』二宮周平・棚村政行編、日本評論社、二〇二〇年
『LGBTQの家族形成支援――生殖補助医療・養子&里親による――』二宮周平著、信山社、二〇二二年
『ジェンダー法学入門〔第二版〕』三成美保・笹沼朋子・立石直子・谷田川知恵著、法律文化社、二〇一五年
『マルクス主義、フェミニズム、セックスワーク論　搾取と暴力に抗うために』森田成也著、慶應義塾大学出版会、二〇二一年
『パープル・ハイビスカス』チママンダ・ンゴズィ・アディーチェ著、くぼたのぞみ訳、河出書房新社、二〇二二年
『ジェンダー・トラブル　フェミニズムとアイデンティティの攪乱〔新装版〕』ジュディス・バトラー著、竹村和子訳、青土社、二〇一八年

『決定版 第二の性Ⅰ 事実と神話』シモーヌ・ド・ボーヴォワール著、井上たか子・木村信子監訳、新潮社、一九九七年
『決定版 第二の性Ⅱ 体験』シモーヌ・ド・ボーヴォワール著、中嶋公子・加藤康子監訳、新潮社、一九九七年
『家事労働に賃金を フェミニズムの新たな展望』マリアローザ・ダラ・コスタ著、伊田久美子・伊藤公雄訳、インパクト出版会、一九八六年
『家族、積みすぎた方舟 ポスト平等主義のフェミニズム法理論』マーサ・A・ファインマン著、上野千鶴子監訳・解説、速水葉子・穐田信子訳、学陽書房、二〇〇三年
『性の弁証法 女性解放革命の場合』シュラミス・ファイアストーン著、林弘子訳、評論社、一九七二年
『新しい女性の創造〔改訂版〕』ベティ・フリーダン著、三浦冨美子訳、大和書房、二〇〇四年
『もうひとつの声 男女の道徳観のちがいと女性のアイデンティティ』キャロル・ギリガン著、岩男寿美子監訳、生田久美子・並木美智子訳、川島書店、一九八六年
『サイボーグ・フェミニズム〔増補版〕』ダナ・ハラウェイ、サミュエル・ディレイニー、ジェシカ・アマンダ・サーモンスン著、巽孝之編・訳、小谷真理訳、水声社、二〇〇一年
『女の生、男の法〔上・下〕』キャサリン・マッキノン著、森田成也・中里見博・武田万里子訳、岩波書店、二〇一一年
『ポルノグラフィと性差別』キャサリン・マッキノン、アンドレア・ドウォーキン著、中里見博・森田成也訳、青木書店、二〇〇二年
『フェミニズム大図鑑』ハンナ・マッケンほか著、最所篤子・福井久美子訳、三省堂、二〇二〇年
『性の政治学』ケイト・ミレット著、藤枝澪子・加地永都子・滝沢海南子・横山貞子訳、ドメス出版、一九八五年
『女になる方法 ロックンロールな13歳のフェミニスト成長記』キャトリン・モラン著、北村紗衣訳、青土社、二〇

一八年
『LEAN IN 女性、仕事、リーダーへの意欲』シェリル・サンドバーグ著、川本裕子序文、村井章子訳、日本経済新聞出版社、二〇一三年
『マルクス主義とフェミニズムの不幸な結婚』リディア・サージェント編、田中かず子訳、勁草書房、一九九一年
『美の陰謀　女たちの見えない敵』ナオミ・ウルフ著、曽田和子訳、TBSブリタニカ、一九九四年
FEMINIST LEGAL THEORY : READINGS IN LAW AND GENDER, edited by Katharine T. Bartlett and Rosanne Kennedy, Westview Press, 1991
SEXUAL HARASSMENT OF WORKING WOMEN : A CASE OF SEX DISCRIMINATION, Catharine A. MacKinnon, Yale University Press, 1979

資料出典等

第一章

p.21　メアリ・ウルストンクラフト　https://en.wikipedia.org/wiki/Mary_Wollstonecraft　『女性の権利の擁護』　https://en. wikipedia.org/wiki/A_Vindication_of_the_Rights_of_Woman

p.23　オランプ・ド・グージュ　https://en.wikipedia.org/wiki/Olympe_de_Gouges
p.26　テロワーニュ・ド・メリクール　https://en.wikipedia.org/wiki/Theroigne_de_Mericourt
p.29　フローラ・トリスタン　https://en.wikipedia.org/wiki/Flora_Tristan
p.30　ジョルジュ・サンド　https://en.wikipedia.org/wiki/George_Sand
p.34　キャロライン・ノートン　https://en.wikipedia.org/wiki/Caroline_Norton
p.37　ハリエット・テイラー　https://en.wikipedia.org/wiki/Harriet_Taylor_Mill　J・S・ミルと、ハリエットの娘ヘレン・テイラー　https://en.wikipedia.org/wiki/John_Stuart_Mill
p.39　エメリン・パンクハースト　https://en.wikipedia.org/wiki/Emmeline_Pankhurst

第二章

p.55　ベティ・フリーダン　写真提供上:Underwood Archives/Universal Images Group／共同通信イメージズ　https://en.wikipedia.org/wiki/Betty_Friedan　『女らしさの神話』 https://en.wikipedia.org/wiki/The_Feminine_Mystique
p.64　全米女性組織(NOW)　https://now.org/about/history/honoring-our-founders-pioneers/　https://now.org/
p.67　平等のための女性のストライキ　https://en.wikipedia.org/wiki/Women%27s_Strike_for_Equality

第三章

p.71　シモーヌ・ド・ボーヴォワール　写真提供上:共同通信社　https://en.wikipedia.org/wiki/Simone_

de_Beauvoir　『第二の性』　https://fr.wikipedia.org/wiki/Le_Deuxième_Sexe

p.72　公民権運動　Photo by Getty Images　https://en.wikipedia.org/wiki/Selma_to_Montgomery_marches

ベトナム反戦運動　写真提供：共同通信社

p.81　ケイト・ミレット　Photo by Getty Images　https://en.wikipedia.org/wiki/Kate_Millett　『性の政治学』　https://en.wikipedia.org/wiki/Sexual_Politics

p.85　『性の弁証法』　https://en.wikipedia.org/wiki/The_Dialectic_of_Sex　https://en.wikipedia.org/wiki/Shulamith_Firestone

p.87　キャサリン・マッキノン　写真提供上：Â © Prensa Internacional via ZUMA Press Wire ／共同通信イメージズ　https://en.wikipedia.org/wiki/Catharine_A._MacKinnon

アンドレア・ドウォーキン　Photo by Colin McPherson/Sygma via Getty Images　https://en.wikipedia.org/wiki/Andrea_Dworkin

第四章

p.105　マルクス主義の「搾取」の概念　https://news.livedoor.com/article/detail/14796035/

p.107　『女性の力とコミュニティの転覆』　https://books.google.co.jp/books/about/The_Power_of_Women_and_the_Subversion_of.html?id=Ey0qAAAAYAAJ&redir_esc=y

p.113　女性解放運動（ＭＬＦ）デモ　Photo by Michel Artault/Apis/Sygma/Sygma via Getty Images　https://fr.wikipedia.org/wiki/Christine_Delphy　https://fr.wikipedia.org/wiki/Mouvement_de_

libération_des_femmes

第五章

p.135 『もうひとつの声』 https://en.wikipedia.org/wiki/In_a_Different_Voice

p.143 ルース・ベイダー・ギンズバーグ Photo by Mark Wilson/Getty Images https://en.wikipedia.org/wiki/Ruth_Bader_Ginsburg

p.147 『フェミニズムか、死か』 https://en.wikipedia.org/wiki/Françoise_d%27Eaubonne https://en.wikipedia.org/wiki/Ecofeminism https://www.lepassagerclandestin.fr/catalogue/boomerang/le-feminisme-ou-la-mort/

p.149 ヴァンダナ・シヴァ 写真提供：Â©Alessio Tarpini/IPA via ZUMA Press／共同通信イメージズ https://en.wikipedia.org/wiki/Vandana_Shiva

第六章

p.159 ジュディス・バトラー Photo by Target Presse Agentur Gmbh/Getty Images https://en.wikipedia.org/wiki/Judith_Butler 『ジェンダー・トラブル』 https://en.wikipedia.org/wiki/Gender_Trouble

p.173 キャトリン・モラン Photo by Phillip Faraone/Getty Images https://en.wikipedia.org/wiki/Caitlin_Moran

p.178 シェリル・サンドバーグ Photo by Taylor Hill/FilmMagic/Getty Images p.183　#MeTooサバイバーマーチ&ラリー　Photo by Sarah Morris/Getty Images

第七章

p.189　与謝野晶子　写真提供：共同通信社　https://ja.wikipedia.org/wiki/与謝野晶子
平塚らいてう　写真提供：共同通信社　https://ja.wikipedia.org/wiki/平塚らいてう

p.196　ウーマン・リブ旋風　写真提供：共同通信社　https://ja.wikipedia.org/wiki/ウーマン・リブ　https://en.wikipedia.org/wiki/Women%27s_liberation_movement

p.197　中ピ連　写真提供：共同通信社　https://ja.wikipedia.org/wiki/中絶禁止法に反対しピル解禁を要求する女性解放連合

幻冬舎新書 683

世界一やさしいフェミニズム入門

早わかり200年史

二〇二三年一月二十日 第一刷発行

著者 山口真由

発行人 見城徹

編集人 小木田順子

編集者 相馬裕子

発行所 株式会社 幻冬舎

〒一五一-〇〇五一 東京都渋谷区千駄ヶ谷四-九-七

電話 〇三-五四一一-六二一一(編集)

〇三-五四一一-六二二二(営業)

公式HP https://www.gentosha.co.jp/

ブックデザイン 鈴木成一デザイン室

印刷・製本所 株式会社 光邦

GENTOSHA

JASRAC 出 2209874-201

検印廃止

Printed in Japan ISBN978-4-344-98685-5 C0295

や-22-1

*この本に関するご意見・ご感想は、左記アンケートフォームからお寄せください。

https://www.gentosha.co.jp/e/